LE GRAND MICHU

et autres histoires d'amitié

D'autres classiques à étudier avec nos dossiers Librio +

L'habit ne fait pas le moine, Librio n° 1233
Les Cahiers de Douai, Librio n° 1229
La Peste Écarlate, Librio n° 1228
Le Roi des taupes et sa fille, Librio n° 1227
Le Prince Marcassin, Librio n° 1226
Un pour tous, tous pour un, Librio n° 1202
Pauca meæ, Librio n° 1169
La Parure, Librio n° 1104
La Belle aux cheveux d'or, Librio n° 1103
La Belle et la Bête, Librio n° 1090
Bérénice, Librio n° 1072
La Princesse de Montpensier, Librio n° 1040
Claude Gueux, Librio n° 1039
Le Livre des merveilles du monde, Librio n° 727
La Farce de Maître Pathelin, Librio n° 580
Fées, sorcières, diablesses, Librio n° 544
Andromaque, Librio n° 469
Britannicus, Librio n° 390
Ubu roi, Librio n° 377
La Vénus d'Ille, Librio n° 236
Aladdin ou la Lampe merveilleuse, Librio n° 191
L'Ingénu, Librio n° 180
Pierre et Jean, Librio n° 151
La Dimension fantastique – 1, Librio n° 150
Cyrano de Bergerac, Librio n° 116
La Genèse, Librio n° 90
Zadig ou la Destinée, Librio n° 77
Un cœur simple, Librio n° 45
La Mort d'Olivier Bécaille, Librio n° 42
Candide ou l'Optimisme, Librio n° 31
Œdipe Roi, Librio n° 30
Une partie de campagne, Librio n° 29
Le Colonel Chabert, Librio n° 28
Le Cid, Librio n° 21

LE GRAND MICHU

et autres histoires d'amitié

Librio

SOMMAIRE

Émile Zola

LE GRAND MICHU

I

Une après-midi, à la récréation de quatre heures, le grand Michu me prit à part, dans un coin de la cour. Il avait un air grave qui me frappa d'une certaine crainte ; car le grand Michu était un gaillard, aux poings énormes, que, pour rien au monde, je n'aurais voulu avoir pour ennemi.

« Écoute, me dit-il de sa voix grasse de paysan à peine dégrossi[1], écoute, veux-tu en être ? »

Je répondis carrément : « Oui ! » flatté d'être de quelque chose avec le grand Michu. Alors, il m'expliqua qu'il s'agissait d'un complot. Les confidences qu'il me fit, me causèrent une sensation délicieuse, que je n'ai jamais peut-être éprouvée depuis. Enfin, j'entrais dans les folles aventures de la vie, j'allais avoir un secret à garder, une bataille à livrer. Et, certes, l'effroi inavoué que je ressentais à l'idée de me compromettre de la sorte, comptait pour une bonne moitié dans les joies cuisantes* de mon nouveau rôle de complice.

Aussi, pendant que le grand Michu parlait, étais-je en admiration devant lui. Il m'initia d'un ton un peu rude, comme un

---

* Les mots suivis d'un astérisque sont définis dans le lexique.

conscrit* dans l'énergie duquel on a une médiocre confiance. Cependant, le frémissement* d'aise, l'air d'extase enthousiaste que je devais avoir en l'écoutant, finirent par lui donner une meilleure opinion de moi.

Comme la cloche sonnait le second coup, en allant tous deux prendre nos rangs pour rentrer à l'étude :

« C'est entendu, n'est-ce pas ? me dit-il à voix basse. Tu es des nôtres... Tu n'auras pas peur, au moins ; tu ne trahiras pas ?

— Oh ! non, tu verras... C'est juré. »

Il me regarda de ses yeux gris, bien en face, avec une vraie dignité d'homme mûr, et me dit encore :

« Autrement, tu sais, je ne te battrai pas, mais je dirai partout que tu es un traître, et personne ne te parlera plus. »

Je me souviens encore du singulier effet que me produisit cette menace. Elle me donna un courage énorme. « Bast* ! me disais-je, ils peuvent bien me donner deux mille vers ; du diable si je trahis Michu ! » J'attendis avec une impatience fébrile* l'heure du dîner. La révolte devait éclater au réfectoire.

II

Le grand Michu était du Var*. Son père, un paysan qui possédait quelques bouts de terre, avait fait le coup de feu en 51*, lors de l'insurrection provoquée par le coup d'État. Laissé pour mort dans la plaine d'Uchâne, il avait réussi à se cacher. Quand il reparut, on ne l'inquiéta pas. Seulement, les autorités du pays, les notables*, les gros et les petits rentiers ne l'appelèrent plus que ce brigand de Michu.

Ce brigand, cet honnête homme illettré, envoya son fils au collège d'A***. Sans doute il le voulait savant pour le triomphe de la cause qu'il n'avait pu défendre, lui, que les armes à la main. Nous savions vaguement cette histoire, au collège, ce qui nous faisait regarder notre camarade comme un personnage très redoutable.

Le grand Michu était, d'ailleurs, beaucoup plus âgé que nous. Il avait près de dix-huit ans, bien qu'il ne se trouvât encore qu'en quatrième. Mais on n'osait le plaisanter. C'était un de ces esprits droits, qui apprennent difficilement, qui ne devinent rien ; seulement, quand il savait une chose, il la savait à fond et pour toujours. Fort, comme taillé à coups de hache, il régnait en maître pendant les récréations. Avec cela, d'une douceur extrême. Je ne l'ai jamais vu qu'une fois en colère ; il voulait étrangler un pion qui nous enseignait que tous les républicains étaient des voleurs et des assassins. On faillit mettre le grand Michu à la porte.

Ce n'est que plus tard, lorsque j'ai revu mon ancien camarade dans mes souvenirs, que j'ai pu comprendre son attitude douce et forte. De bonne heure, son père avait dû en faire un homme.

III

Le grand Michu se plaisait au collège, ce qui n'était pas le moindre de nos étonnements. Il n'y éprouvait qu'un supplice dont il n'osait parler : la faim. Le grand Michu avait toujours faim.

Je ne me souviens pas d'avoir vu un pareil appétit. Lui qui était très fier, il allait parfois jusqu'à jouer des comédies humiliantes pour nous escroquer un morceau de pain, un déjeuner ou un goûter. Élevé en plein air, au pied de la chaîne des Maures*, il souffrait encore plus cruellement que nous de la maigre cuisine du collège.

C'était là un de nos grands sujets de conversation, dans la cour, le long du mur qui nous abritait de son filet d'ombre. Nous autres, nous étions des délicats. Je me rappelle surtout une certaine morue à la sauce rousse et certains haricots à la sauce blanche qui étaient devenus le sujet d'une malédiction générale. Les jours où ces plats apparaissaient, nous ne tarissions pas. Le grand Michu, par respect humain, criait avec nous, bien qu'il eût avalé volontiers les six portions de sa table.

Le grand Michu ne se plaignait guère que de la quantité des vivres. Le hasard, comme pour l'exaspérer, l'avait placé au bout de la table, à côté du pion, un jeune gringalet* qui nous laissait fumer en promenade. La règle était que les maîtres d'étude avaient droit à deux portions. Aussi, quand on servait des saucisses, fallait-il voir le grand Michu lorgner* les deux bouts de saucisses qui s'allongeaient côte à côte sur l'assiette du petit pion.

«Je suis deux fois plus gros que lui, me dit-il un jour, et c'est lui qui a deux fois plus à manger que moi. Il ne laisse rien, va ; il n'en a pas de trop ! »

IV

Or, les meneurs avaient résolu que nous devions à la fin nous révolter contre la morue à la sauce rousse et les haricots à la sauce blanche.

Naturellement, les conspirateurs offrirent au grand Michu d'être leur chef. Le plan de ces messieurs était d'une simplicité héroïque : il suffirait, pensaient-ils, de mettre leur appétit en grève, de refuser toute nourriture, jusqu'à ce que le proviseur déclarât solennellement que l'ordinaire serait amélioré. L'approbation que le grand Michu donna à ce plan, est un des plus beaux traits d'abnégation et de courage que je connaisse. Il accepta d'être le chef du mouvement, avec le tranquille héroïsme de ces anciens Romains qui se sacrifiaient pour la chose publique.

Songez donc ! lui se souciait bien de voir disparaître la morue et les haricots ; il ne souhaitait qu'une chose, en avoir davantage, à discrétion ! Et, pour comble, on lui demandait de jeûner* ! Il m'a avoué depuis que jamais cette vertu républicaine que son père lui avait enseignée, la solidarité, le dévouement de l'individu aux intérêts de la communauté, n'avait été mise en lui à une plus rude épreuve.

Le soir, au réfectoire — c'était le jour de la morue à la sauce rousse —, la grève commença avec un ensemble vraiment beau. Le pain seul était permis. Les plats arrivent, nous n'y touchons pas, nous mangeons notre pain sec. Et cela gravement, sans causer à voix basse, comme nous en avions l'habitude. Il n'y avait que les petits qui riaient.

Le grand Michu fut superbe. Il alla, ce premier soir, jusqu'à ne pas même manger de pain. Il avait mis les deux coudes sur la table, il regardait dédaigneusement le petit pion qui dévorait.

Cependant, le surveillant fit appeler le proviseur, qui entra dans le réfectoire comme une tempête. Il nous apostropha* rudement, nous demandant ce que nous pouvions reprocher à ce dîner, auquel il goûta et qu'il déclara exquis.

Alors le grand Michu se leva.

« Monsieur, dit-il, c'est la morue qui est pourrie, nous ne parvenons pas à la digérer.

— Ah ! bien, cria le gringalet de pion, sans laisser au proviseur le temps de répondre, les autres soirs, vous avez pourtant mangé presque tout le plat à vous seul. »

Le grand Michu rougit extrêmement. Ce soir-là, on nous envoya simplement coucher, en nous disant que, le lendemain, nous aurions sans doute réfléchi.

V

Le lendemain et le surlendemain, le grand Michu fut terrible. Les paroles du maître d'étude l'avaient frappé au cœur. Il nous soutint, il nous dit que nous serions des lâches si nous cédions. Maintenant, il mettait tout son orgueil à montrer que, lorsqu'il le voulait, il ne mangeait pas.

Ce fut un vrai martyr. Nous autres, nous cachions tous dans nos pupitres du chocolat, des pots de confiture, jusqu'à de la charcuterie, qui nous aidèrent à ne pas manger tout à fait sec le pain dont nous emplissions nos poches. Lui, qui n'avait pas un parent dans la ville, et qui se refusait d'ailleurs de pareilles douceurs, s'en tint strictement aux quelques croûtes qu'il put trouver.

Le surlendemain, le proviseur ayant déclaré que, puisque les élèves s'entêtaient à ne pas toucher aux plats, il allait cesser de faire distribuer du pain, la révolte éclata, au déjeuner. C'était le jour des haricots à la sauce blanche.

Le grand Michu, dont une faim atroce devait troubler la tête, se leva brusquement. Il prit l'assiette du pion, qui mangeait à belles dents, pour nous narguer et nous donner envie, la jeta au milieu de la salle, puis entonna *La Marseillaise* d'une voix forte. Ce fut comme un grand souffle qui nous souleva tous. Les assiettes, les verres, les bouteilles, dansèrent une jolie danse. Et les pions, enjambant les débris, se hâtèrent de nous abandonner le réfectoire. Le gringalet, dans sa fuite, reçut sur les épaules un plat de haricots, dont la sauce lui fit une large collerette blanche.

Cependant, il s'agissait de fortifier la place. Le grand Michu fut nommé général. Il fit porter, entasser les tables devant les portes. Je me souviens que nous avions tous pris nos couteaux à la main. Et *La Marseillaise* tonnait toujours. La révolte tournait à la révolution. Heureusement, on nous laissa à nous-mêmes pendant trois grandes heures. Il paraît qu'on était allé chercher la garde. Ces trois heures de tapage suffirent pour nous calmer.

Il y avait au fond du réfectoire deux larges fenêtres qui donnaient sur la cour. Les plus timides, épouvantés de la longue impunité dans laquelle on nous laissait, ouvrirent doucement une des fenêtres et disparurent. Ils furent peu à peu suivis par les autres élèves. Bientôt le grand Michu n'eut plus qu'une dizaine d'insurgés* autour de lui. Il leur dit alors d'une voix rude :

« Allez retrouver les autres, il suffit qu'il y ait un coupable. »

Puis s'adressant à moi qui hésitais, il ajouta :

« Je te rends la parole, entends-tu ! »

Lorsque la garde eut enfoncé une des portes, elle trouva le grand Michu tout seul, assis tranquillement sur le bout d'une table, au milieu de la vaisselle cassée. Le soir même, il fut renvoyé à son père. Quant à nous, nous profitâmes peu de cette révolte. On évita bien pendant quelques semaines de nous servir de la morue et des haricots. Puis, ils reparurent ; seulement la morue était à la sauce blanche, et les haricots, à la sauce rousse.

VI

Longtemps après, j'ai revu le grand Michu. Il n'avait pu continuer ses études. Il cultivait à son tour les quelques bouts de terre que son père lui avait laissés en mourant.

« J'aurais fait, m'a-t-il dit, un mauvais avocat ou un mauvais médecin, car j'avais la tête bien dure. Il vaut mieux que je sois un paysan. C'est mon affaire… N'importe, vous m'avez joliment lâché. Et moi qui justement adorais la morue et les haricots ! »

Guy de Maupassant

LE PAPA DE SIMON

Midi finissait de sonner. La porte de l'école s'ouvrit, et les gamins se précipitèrent en se bousculant pour sortir plus vite. Mais au lieu de se disperser rapidement et de rentrer dîner, comme ils le faisaient chaque jour, ils s'arrêtèrent à quelques pas, se réunirent par groupes et se mirent à chuchoter.

C'est que, ce matin-là, Simon, le fils de la Blanchotte, était venu à la classe pour la première fois.

Tous avaient entendu parler de la Blanchotte dans leurs familles; et quoiqu'on lui fît bon accueil en public, les mères la traitaient entre elles avec une sorte de compassion un peu méprisante qui avait gagné les enfants sans qu'ils sussent du tout pourquoi.

Quant à Simon, ils ne le connaissaient pas, car il ne sortait jamais et il ne galopinait point avec eux dans les rues du village ou sur les bords de la rivière. Aussi ne l'aimaient-ils guère; et c'était avec une certaine joie, mêlée d'un étonnement considérable, qu'ils avaient accueilli et qu'ils s'étaient répété l'un à l'autre cette parole dite par un gars de quatorze ou quinze ans qui paraissait en savoir long tant il clignait finement des yeux:

« Vous savez... Simon... eh bien, il n'a pas de papa. »

Le fils de la Blanchotte parut à son tour sur le seuil de l'école.

Il avait sept ou huit ans. Il était un peu pâlot, très propre, avec l'air timide, presque gauche.

Il s'en retournait chez sa mère quand les groupes de ses camarades, chuchotant toujours et le regardant avec les yeux malins et cruels des enfants qui méditent un mauvais coup, l'entourèrent peu à peu et finirent par l'enfermer tout à fait. Il restait là, planté au milieu d'eux, surpris et embarrassé, sans comprendre ce qu'on allait lui faire. Mais le gars qui avait apporté la nouvelle, enorgueilli* du succès obtenu déjà, lui demanda :

« Comment t'appelles-tu, toi ? »

Il répondit : « Simon.

— Simon quoi ? » reprit l'autre.

L'enfant répéta tout confus : « Simon. »

Le gars lui cria : « On s'appelle Simon quelque chose... c'est pas un nom ça... Simon. »

Et lui, prêt à pleurer, répondit pour la troisième fois :

« Je m'appelle Simon. »

Les galopins se mirent à rire. Le gars triomphant éleva la voix : « Vous voyez bien qu'il n'a pas de papa. »

Un grand silence se fit. Les enfants étaient stupéfaits par cette chose extraordinaire, impossible, monstrueuse, — un garçon qui n'a pas de papa ; ils le regardaient comme un phénomène, un être hors de la nature, et ils sentaient grandir en eux ce mépris, inexpliqué jusque-là, de leurs mères pour la Blanchotte.

Quant à Simon, il s'était appuyé contre un arbre pour ne pas tomber ; et il restait comme atterré par un désastre irréparable. Il cherchait à s'expliquer. Mais il ne pouvait rien trouver pour leur répondre, et démentir cette chose affreuse qu'il n'avait pas de papa. Enfin, livide*, il leur cria à tout hasard : « Si, j'en ai un.

— Où est-il ? » demanda le gars.

Simon se tut ; il ne savait pas. Les enfants riaient, très excités ; et ces fils des champs, plus proches des bêtes, éprouvaient ce besoin cruel qui pousse les poules d'une basse-cour à achever l'une d'entre elles aussitôt qu'elle est blessée. Simon avisa tout à coup un petit voisin, le fils d'une veuve, qu'il avait toujours vu, comme lui-même, tout seul avec sa mère.

« Et toi non plus, dit-il, tu n'as pas de papa.

— Si, répondit l'autre, j'en ai un.

— Où est-il ? riposta Simon.

— Il est mort, déclara l'enfant avec une fierté superbe, il est au cimetière, mon papa. »

Un murmure d'approbation courut parmi les garnements*, comme si ce fait d'avoir son père mort au cimetière eût grandi leur camarade pour écraser cet autre qui n'en avait point du tout. Et ces polissons, dont les pères étaient, pour la plupart, méchants, ivrognes, voleurs et durs à leurs femmes, se bousculaient en se serrant de plus en plus, comme si eux, les légitimes, eussent voulu étouffer dans une pression celui qui était hors la loi.

L'un, tout à coup, qui se trouvait contre Simon, lui tira la langue d'un air narquois et lui cria :

« Pas de papa ! pas de papa ! »

Simon le saisit à deux mains aux cheveux et se mit à lui cribler les jambes de coups de pied, pendant qu'il lui mordait la joue cruellement. Il se fit une bousculade énorme. Les deux combattants furent séparés, et Simon se trouva frappé, déchiré, meurtri, roulé par terre, au milieu du cercle des galopins qui applaudissaient. Comme il se relevait, en nettoyant machinalement avec sa main sa petite blouse toute sale de poussière, quelqu'un lui cria :

« Va le dire à ton papa. »

Alors il sentit dans son cœur un grand écroulement. Ils étaient plus forts que lui, ils l'avaient battu, et il ne pouvait point leur répondre, car il sentait bien que c'était vrai qu'il n'avait pas de papa. Plein d'orgueil, il essaya pendant quelques secondes de lutter contre les larmes qui l'étranglaient. Il eut une suffocation, puis, sans cris, il se mit à pleurer par grands sanglots qui le secouaient précipitamment.

Alors une joie féroce éclata chez ses ennemis, et naturellement, ainsi que les sauvages dans leurs gaietés terribles, ils se prirent par la main et se mirent à danser en rond autour de lui, en répétant comme un refrain : « Pas de papa ! pas de papa ! »

Mais Simon tout à coup cessa de sangloter. Une rage l'affola*. Il y avait des pierres sous ses pieds ; il les ramassa et, de toutes ses forces, les lança contre ses bourreaux. Deux ou trois furent atteints et se sauvèrent en criant ; et il avait l'air tellement formidable qu'une panique eut lieu parmi les autres. Lâches, comme l'est toujours la foule devant un homme exaspéré, ils se débandèrent* et s'enfuirent.

Resté seul, le petit enfant sans père se mit à courir vers les champs, car un souvenir lui était venu qui avait amené dans son esprit une grande résolution. Il voulait se noyer dans la rivière.

Il se rappelait en effet que, huit jours auparavant, un pauvre diable qui mendiait sa vie s'était jeté dans l'eau parce qu'il n'avait plus d'argent. Simon était là lorsqu'on le repêchait ; et le triste bonhomme, qui lui semblait ordinairement lamentable, malpropre et laid, l'avait alors frappé par son air tranquille, avec ses joues pâles, sa longue barbe mouillée et ses yeux ouverts, très calmes. On avait dit alentour : « Il est mort. » Quelqu'un avait ajouté : « Il est bien heureux maintenant. » Et Simon voulait aussi se noyer parce qu'il n'avait pas de père, comme ce misérable qui n'avait pas d'argent.

Il arriva tout près de l'eau et la regarda couler. Quelques poissons folâtraient*, rapides, dans le courant clair, et, par moments, faisaient un petit bond et happaient des mouches voltigeant à la surface. Il cessa de pleurer pour les voir, car leur manège l'intéressait beaucoup. Mais, parfois, comme dans les accalmies d'une tempête passent tout à coup de grandes rafales de vent qui font craquer les arbres et se perdent à l'horizon, cette pensée lui revenait avec une douleur aiguë : « Je vais me noyer parce que je n'ai point de papa. »

Il faisait très chaud, très bon. Le doux soleil chauffait l'herbe. L'eau brillait comme un miroir. Et Simon avait des minutes de béatitude*, de cet alanguissement* qui suit les larmes, où il lui venait de grandes envies de s'endormir là, sur l'herbe, dans la chaleur.

Une petite grenouille verte sauta sous ses pieds. Il essaya de la prendre. Elle lui échappa. Il la poursuivit et la manqua trois fois de suite. Enfin il la saisit par l'extrémité de ses pattes de derrière et il se mit à rire en voyant les efforts que faisait la bête pour s'échapper. Elle se ramassait sur ses grandes jambes, puis, d'une détente brusque, les allongeait subitement, roides* comme deux barres; tandis que, l'œil tout rond avec son cercle d'or, elle battait l'air de ses pattes de devant qui s'agitaient comme des mains. Cela lui rappela un joujou fait avec d'étroites planchettes de bois clouées en zigzag les unes sur les autres, qui, par un mouvement semblable, conduisaient l'exercice de petits soldats piqués dessus. Alors, il pensa à sa maison, puis à sa mère, et, pris d'une grande tristesse, il recommença à pleurer. Des frissons lui passaient dans les membres; il se mit à genoux et récita sa prière comme avant de s'endormir. Mais il ne put l'achever, car des sanglots lui revinrent si pressés, si tumultueux, qu'ils l'envahirent tout entier. Il ne pensait plus; il ne voyait plus rien autour de lui et il n'était occupé qu'à pleurer.

Soudain, une lourde main s'appuya sur son épaule et une grosse voix lui demanda: «Qu'est-ce qui te fait donc tant de chagrin, mon bonhomme?»

Simon se retourna. Un grand ouvrier qui avait une barbe et des cheveux noirs tout frisés le regardait d'un air bon. Il répondit avec des larmes plein les yeux et plein la gorge:

«Ils m'ont battu… parce que… je… je… n'ai pas… de papa… pas de papa…

— Comment, dit l'homme en souriant, mais tout le monde en a un.»

L'enfant reprit péniblement au milieu des spasmes* de son chagrin: «Moi… moi… je n'en ai pas.»

Alors l'ouvrier devint grave; il avait reconnu le fils de la Blanchotte, et, quoique nouveau dans le pays, il savait vaguement son histoire.

« Allons, dit-il, console-toi, mon garçon, et viens-t'en avec moi chez ta maman. On t'en donnera… un papa. »

Ils se mirent en route, le grand tenant le petit par la main, et l'homme souriait de nouveau, car il n'était pas fâché de voir cette Blanchotte, qui était, contait-on, une des plus belles filles du pays ; et il se disait peut-être, au fond de sa pensée, qu'une jeunesse qui avait failli* pouvait bien faillir encore.

Ils arrivèrent devant une petite maison blanche, très propre.

« C'est là », dit l'enfant, et il cria : « Maman ! »

Une femme se montra, et l'ouvrier cessa brusquement de sourire, car il comprit tout de suite qu'on ne badinait* plus avec cette grande fille pâle qui restait sévère sur sa porte, comme pour défendre à un homme le seuil de cette maison où elle avait été déjà trahie par un autre. Intimidé et sa casquette à la main, il balbutia :

« Tenez, madame, je vous ramène votre petit garçon qui s'était perdu près de la rivière. »

Mais Simon sauta au cou de sa mère et lui dit en se remettant à pleurer :

« Non, maman, j'ai voulu me noyer, parce que les autres m'ont battu… m'ont battu… parce que je n'ai pas de papa. »

Une rougeur cuisante couvrit les joues de la jeune femme, et, meurtrie jusqu'au fond de sa chair, elle embrassa son enfant avec violence pendant que des larmes rapides lui coulaient sur la figure. L'homme ému restait là, ne sachant comment partir. Mais Simon soudain courut vers lui et lui dit :

« Voulez-vous être mon papa ? »

Un grand silence se fit. La Blanchotte, muette et torturée de honte, s'appuyait contre le mur, les deux mains sur son cœur. L'enfant, voyant qu'on ne lui répondait point, reprit :

« Si vous ne voulez pas, je retournerai me noyer. »

L'ouvrier prit la chose en plaisanterie et répondit en riant :

« Mais oui, je veux bien.

— Comment est-ce que tu t'appelles, demanda alors l'enfant, pour que je réponde aux autres quand ils voudront savoir ton nom ?

— Philippe », répondit l'homme.

Simon se tut une seconde pour bien faire entrer ce nom-là dans sa tête, puis il tendit les bras, tout consolé, en disant :

« Eh bien ! Philippe, tu es mon papa. »

L'ouvrier, l'enlevant de terre, l'embrassa brusquement sur les deux joues, puis il s'enfuit très vite à grandes enjambées.

Quand l'enfant entra dans l'école, le lendemain, un rire méchant l'accueillit ; et à la sortie, lorsque le gars voulu recommencer, Simon lui jeta ces mots à la tête, comme il aurait fait d'une pierre : « Il s'appelle Philippe, mon papa. »

Des hurlements de joie jaillirent de tous les côtés :

« Philippe qui ?... Philippe quoi ?... Qu'est-ce que c'est que ça, Philippe ?... Où l'as-tu pris, ton Philippe ? »

Simon ne répondit rien ; et, inébranlable dans sa foi, il les défiait de l'œil, prêt à se laisser martyriser plutôt que de fuir devant eux. Le maître d'école le délivra et il retourna chez sa mère.

Pendant trois mois, le grand ouvrier Philippe passa souvent auprès de la maison de la Blanchotte et, quelquefois, il s'enhardissait à lui parler lorsqu'il la voyait cousant auprès de sa fenêtre. Elle lui répondait poliment, toujours grave, sans rire jamais avec lui, et sans le laisser entrer chez elle. Cependant, un peu fat*, comme tous les hommes, il s'imagina qu'elle était souvent plus rouge que de coutume lorsqu'elle causait avec lui.

Mais une réputation tombée est si pénible à refaire et demeure toujours si fragile, que, malgré la réserve ombrageuse de la Blanchotte, on jasait* déjà dans le pays.

Quant à Simon, il aimait beaucoup son nouveau papa et se promenait avec lui presque tous les soirs, la journée finie. Il allait assidûment à l'école et passait au milieu de ses camarades fort digne, sans leur répondre jamais.

Un jour, pourtant, le gars qui l'avait attaqué le premier lui dit :

« Tu as menti, tu n'as pas un papa qui s'appelle Philippe.

— Pourquoi ça ? » demanda Simon très ému.

Le gars se frottait les mains. Il reprit :

« Parce que si tu en avais un, il serait le mari de ta maman. »

Simon se troubla devant la justesse de ce raisonnement, néanmoins il répondit : « C'est mon papa tout de même.

— Ça se peut bien, dit le gars en ricanant, mais ce n'est pas ton papa tout à fait. »

Le petit à la Blanchotte courba la tête et s'en alla rêveur du côté de la forge au père Loizon, où travaillait Philippe.

Cette forge était comme ensevelie sous des arbres. Il y faisait très sombre ; seule, la lueur rouge d'un foyer formidable éclairait par grands reflets cinq forgerons aux bras nus qui frappaient sur leurs enclumes* avec un terrible fracas. Ils se tenaient debout, enflammés comme des démons, les yeux fixés sur le fer ardent qu'ils torturaient; et leur lourde pensée montait et retombait avec leurs marteaux.

Simon entra sans être vu et alla tout doucement tirer son ami par la manche. Celui-ci se retourna. Soudain le travail s'interrompit, et tous les hommes regardèrent, très attentifs. Alors, au milieu de ce silence inaccoutumé, monta la petite voix frêle* de Simon.

« Dis donc, Philippe, le gars à la Michaude qui m'a conté tout à l'heure que tu n'étais pas mon papa tout à fait.

— Pourquoi ça ? » demanda l'ouvrier.

L'enfant répondit avec toute sa naïveté :

« Parce que tu n'es pas le mari de maman. »

Personne ne rit. Philippe resta debout, appuyant son front sur le dos de ses grosses mains que supportait le manche de son marteau dressé sur l'enclume. Il rêvait. Ses quatre compagnons le regardaient et, tout petit entre ces géants, Simon, anxieux, attendait. Tout à coup, un des forgerons, répondant à la pensée de tous, dit à Philippe :

« C'est tout de même une bonne et brave fille que la Blanchotte, et vaillante et rangée malgré son malheur, et qui serait une digne femme pour un honnête homme.

— Ça, c'est vrai », dirent les trois autres.

L'ouvrier continua :

« Est-ce sa faute, à cette fille, si elle a failli ? On lui avait promis mariage, et j'en connais plus d'une qu'on respecte bien aujourd'hui et qui en a fait tout autant.

— Ça, c'est vrai », répondirent en chœur les trois hommes.

Il reprit : « Ce qu'elle a peiné, la pauvre, pour élever son gars toute seule, et ce qu'elle a pleuré depuis qu'elle ne sort plus que pour aller à l'église, il n'y a que le bon Dieu qui le sait.

— C'est encore vrai », dirent les autres.

Alors on n'entendit plus que le soufflet* qui activait le feu du foyer. Philippe, brusquement, se pencha vers Simon :

« Va dire à ta maman que j'irai lui parler ce soir. »

Puis il poussa l'enfant dehors par les épaules.

Il revint à son travail et, d'un seul coup, les cinq marteaux retombèrent ensemble sur les enclumes. Ils battirent ainsi le fer jusqu'à la nuit, forts, puissants, joyeux comme des marteaux satisfaits. Mais, de même que le bourdon* d'une cathédrale résonne dans les jours de fête au-dessus du tintement des autres cloches, ainsi le marteau de Philippe, dominant le fracas des autres, s'abattait de seconde en seconde avec un vacarme assourdissant. Et lui, l'œil allumé, forgeait passionnément, debout dans les étincelles.

Le ciel était plein d'étoiles quand il vint frapper à la porte de la Blanchotte. Il avait sa blouse des dimanches, une chemise fraîche et la barbe faite. La jeune femme se montra sur le seuil et lui dit d'un air peiné : « C'est mal de venir ainsi la nuit tombée, monsieur Philippe. »

Il voulut répondre, balbutia et resta confus devant elle.

Elle reprit : « Vous comprenez bien pourtant qu'il ne faut plus que l'on parle de moi. »

Alors, lui, tout à coup :

« Qu'est-ce que ça fait, dit-il, si vous voulez être ma femme ! »

Aucune voix ne lui répondit, mais il crut entendre dans l'ombre de la chambre le bruit d'un corps qui s'affaissait. Il entra bien vite ; et Simon, qui était couché dans son lit, distingua le son d'un baiser et quelques mots que sa mère murmurait bien bas. Puis, tout à coup, il se sentit enlevé dans les mains de son ami, et celui-ci, le tenant au bout de ses bras d'hercule, lui cria :

« Tu leur diras, à tes camarades, que ton papa c'est Philippe Remy, le forgeron, et qu'il ira tirer les oreilles à tous ceux qui te feront du mal. »

Le lendemain, comme l'école était pleine et que la classe allait commencer, le petit Simon se leva, tout pâle et les lèvres tremblantes : « Mon papa, dit-il d'une voix claire, c'est Philippe Remy, le forgeron, et il a promis qu'il tirerait les oreilles à tous ceux qui me feraient du mal. »

Cette fois, personne ne rit plus, car on le connaissait bien ce Philippe Remy, le forgeron, et c'était un papa, celui-là, dont tout le monde eût été fier.

Guy de Maupassant

AUX CHAMPS

À Octave Mirbeau.

Les deux chaumières étaient côte à côte, au pied d'une colline, proches d'une petite ville de bains. Les deux paysans besognaient* dur sur la terre inféconde pour élever tous leurs petits. Chaque ménage en avait quatre. Devant les deux portes voisines, toute la marmaille* grouillait* du matin au soir. Les deux aînés avaient six ans et les deux cadets quinze mois environ ; les mariages et, ensuite, les naissances, s'étaient produits à peu près simultanément dans l'une et l'autre maison.

Les deux mères distinguaient à peine leurs produits dans le tas ; et les deux pères confondaient tout à fait. Les huit noms dansaient dans leur tête, se mêlaient sans cesse ; et, quand il fallait en appeler un, les hommes souvent en criaient trois avant d'arriver au véritable.

La première des deux demeures, en venant de la station d'eaux de Rolleport, était occupée par les Tuvache, qui avaient trois filles et un garçon ; l'autre masure* abritait les Vallin, qui avaient une fille et trois garçons.

Tout cela vivait péniblement de soupe, de pommes de terre et de grand air. À sept heures, le matin, puis à midi, puis à six heures, le soir, les ménagères réunissaient leurs mioches pour donner la pâtée, comme des gardeurs d'oies assemblent leurs bêtes. Les enfants étaient assis, par rang d'âge, devant la table en bois, vernie par cinquante ans d'usage. Le dernier moutard* avait à peine la bouche au niveau de la planche. On posait devant eux l'assiette creuse pleine de pain molli dans l'eau où avaient cuit les pommes de terre, un demi-chou et trois oignons ; et toute la ligne mangeait jusqu'à plus faim. La mère empâtait* elle-même le petit. Un peu de viande au pot-au-feu, le dimanche, était une fête pour tous ; et le père, ce jour-là, s'attardait au repas en répétant : « Je m'y ferais bien tous les jours. »

Par un après-midi du mois d'août, une légère voiture s'arrêta brusquement devant les deux chaumières, et une jeune femme, qui conduisait elle-même, dit au monsieur assis à côté d'elle :

« Oh ! regarde, Henri, ce tas d'enfants ! Sont-ils jolis, comme ça, à grouiller dans la poussière ! »

L'homme ne répondit rien, accoutumé à ces admirations qui étaient une douleur et presque un reproche pour lui.

La jeune femme reprit :

« Il faut que je les embrasse ! Oh ! comme je voudrais en avoir un, celui-là, le tout petit ! »

Et, sautant de la voiture, elle courut aux enfants, prit un des deux derniers, celui des Tuvache, et, l'enlevant dans ses bras, elle le baisa passionnément sur ses joues sales, sur ses cheveux blonds frisés et pommadés de terre, sur ses menottes* qu'il agitait pour se débarrasser des caresses ennuyeuses.

Puis elle remonta dans sa voiture et partit au grand trot. Mais elle revint la semaine suivante, s'assit elle-même par terre, prit le moutard dans ses bras, le bourra de gâteaux, donna des bonbons à tous les autres ; et joua avec eux comme une gamine, tandis que son mari attendait patiemment dans sa frêle voiture.

Elle revint encore, fit connaissance avec les parents, reparut tous les jours, les poches pleines de friandises et de sous.

Elle s'appelait Mme Henri d'Hubières.

Un matin, en arrivant, son mari descendit avec elle ; et, sans s'arrêter aux mioches, qui la connaissaient bien maintenant, elle pénétra dans la demeure des paysans.

Ils étaient là, en train de fendre du bois pour la soupe ; ils se redressèrent tout surpris, donnèrent des chaises et attendirent. Alors la jeune femme, d'une voix entrecoupée*, tremblante, commença :

« Mes braves gens, je viens vous trouver parce que je voudrais bien… je voudrais bien emmener votre… votre petit garçon… »

Les campagnards, stupéfaits et sans idée, ne répondirent pas.

Elle reprit haleine et continua.

« Nous n'avons pas d'enfants ; nous sommes seuls, mon mari et moi… Nous le garderions… voulez-vous ? »

La paysanne commençait à comprendre. Elle demanda :

« Vous voulez nous prend'e Charlot ? Ah ben non, pour sûr. »

Alors M. d'Hubières intervint :

« Ma femme s'est mal expliquée. Nous voulons l'adopter, mais il reviendra vous voir. S'il tourne bien, comme tout porte à le croire, il sera notre héritier. Si nous avions, par hasard, des enfants, il partagerait également avec eux. Mais, s'il ne répondait pas à nos soins, nous lui donnerions, à sa majorité, une somme de vingt mille francs, qui sera immédiatement déposée en son nom chez un notaire. Et, comme on a aussi pensé à vous, on vous servira jusqu'à votre mort, une rente de cent francs par mois. Avez-vous bien compris ? »

La fermière s'était levée, toute furieuse.

« Vous voulez que j' vous vendions Charlot ? Ah ! mais non ; c'est pas des choses qu'on d'mande à une mère, ça ! Ah ! mais non ! Ce s'rait une abomination. »

L'homme ne disait rien, grave et réfléchi ; mais il approuvait sa femme d'un mouvement continu de la tête.

Mme d'Hubières, éperdue, se mit à pleurer, et, se tournant vers son mari, avec une voix pleine de sanglots, une voix d'enfant dont tous les désirs ordinaires sont satisfaits, elle balbutia :

« Ils ne veulent pas, Henri, ils ne veulent pas ! »

Alors, ils firent une dernière tentative.

« Mais, mes amis, songez à l'avenir de votre enfant, à son bonheur, à... »

La paysanne, exaspérée, lui coupa la parole :

« C'est tout vu, c'est tout entendu, c'est tout réfléchi... Allez-vous-en, et pi, que j' vous revoie point par ici. C'est-i permis d' vouloir prendre un éfant comme ça ! »

Alors, Mme d'Hubières, en sortant, s'avisa qu'ils étaient deux tout petits, et elle demanda, à travers ses larmes, avec une ténacité de femme volontaire et gâtée, qui ne veut jamais attendre :

« Mais l'autre petit n'est pas à vous ? »

Le père Tuvache répondit :

« Non, c'est aux voisins ; vous pouvez y aller, si vous voulez. »

Et il rentra dans sa maison, où retentissait la voix indignée de sa femme.

Les Vallin étaient à table, en train de manger avec lenteur des tranches de pain qu'ils frottaient parcimonieusement* avec un peu de beurre piqué au couteau, dans une assiette entre eux deux.

M. d'Hubières recommença ses propositions, mais avec plus d'insinuations*, de précautions oratoires*, d'astuce.

Les deux ruraux hochaient la tête en signe de refus ; mais, quand ils apprirent qu'ils auraient cent francs par mois, ils se considérèrent, se consultant de l'œil, très ébranlés.

Ils gardèrent longtemps le silence, torturés, hésitants. La femme enfin demanda :

« Qué qu' t'en dis, l'homme ? »

Il prononça d'un ton sentencieux* :

« J' dis qu' c'est point méprisable. »

Alors Mme d'Hubières, qui tremblait d'angoisse, leur parla de l'avenir du petit, de son bonheur, et de tout l'argent qu'il pourrait leur donner plus tard.

Le paysan demanda :

« C'te rente de douze cents francs, ce s'ra promis d'vant l' notaire ? »

M. d'Hubières répondit :

« Mais certainement, dès demain. »

La fermière, qui méditait, reprit :

« Cent francs par mois, c'est point suffisant pour nous priver du p'tit ; ça travaillera dans quéqu' z'ans c't' éfant ; i' nous faut cent vingt francs. »

Mme d'Hubières, trépignant* d'impatience, les accorda tout de suite ; et, comme elle voulait enlever l'enfant, elle donna cent francs en cadeau pendant que son mari faisait un écrit. Le maire, et un voisin, appelés aussitôt, servirent de témoins complaisants*.

Et la jeune femme, radieuse, emporta le marmot hurlant, comme on emporte un bibelot* désiré d'un magasin.

Les Tuvache, sur leur porte, le regardaient partir, muets, sévères, regrettant peut-être leur refus.

On n'entendit plus du tout parler du petit Jean Vallin. Les parents, chaque mois, allaient toucher leurs cent vingt francs chez le notaire ; et ils étaient fâchés avec leurs voisins parce que la mère Tuvache les agonisait* d'ignominies*, répétant sans cesse de porte en porte qu'il fallait être dénaturé pour vendre son enfant, que c'était une horreur, une saleté, une corromperie*.

Et parfois elle prenait en ses bras son Charlot avec ostentation*, lui criant, comme s'il eût compris :

« J' t'ai pas vendu, mé, j' t'ai pas vendu, mon p'tiot. J' vends pas m's éfants, mé. J' sieus pas riche, mais vends pas m's éfants. »

Et, pendant des années et encore des années, ce fut ainsi chaque jour ; chaque jour des allusions grossières étaient vociférées* devant la porte, de façon à entrer dans la maison voisine. La mère Tuvache avait fini par se croire supérieure à toute la contrée parce qu'elle n'avait pas vendu Charlot. Et ceux qui parlaient d'elle disaient :

« J' sais ben que c'était engageant, c'est égal, elle s'a conduite comme une bonne mère. »

On la citait ; et Charlot, qui prenait dix-huit ans, élevé dans cette idée qu'on lui répétait sans répit, se jugeait lui-même supérieur à ses camarades, parce qu'on ne l'avait pas vendu.

Les Vallin vivotaient à leur aise, grâce à la pension. La fureur inapaisable des Tuvache, restés misérables, venait de là.

Leur fils aîné partit au service. Le second mourut ; Charlot resta seul à peiner avec le vieux père pour nourrir la mère et deux autres sœurs cadettes qu'il avait.

Il prenait vingt et un ans, quand, un matin, une brillante voiture s'arrêta devant les deux chaumières. Un jeune monsieur, avec une chaîne de montre en or, descendit, donnant la main à une vieille dame en cheveux blancs. La vieille dame lui dit :

« C'est là, mon enfant, à la seconde maison. »

Et il entra comme chez lui dans la masure des Vallin.

La vieille mère lavait ses tabliers ; le père infirme sommeillait près de l'âtre*. Tous deux levèrent la tête, et le jeune homme dit :

« Bonjour, papa ; bonjour, maman. »

Ils se dressèrent, effarés*. La paysanne laissa tomber d'émoi* son savon dans son eau et balbutia :

« C'est-i té, m'n éfant ? C'est-i té, m'n éfant ? »

Il la prit dans ses bras et l'embrassa, en répétant : « Bonjour, maman ! », tandis que le vieux, tout tremblant, disait, de son ton calme qu'il ne perdait jamais: « Te v'là-t-i revenu, Jean ? », comme s'il l'avait vu un mois auparavant.

Et, quand ils se furent reconnus, les parents voulurent tout de suite sortir le fieu* dans le pays pour le montrer. On le conduisit chez le maire, chez l'adjoint, chez le curé, chez l'instituteur.

Charlot, debout sur le seuil de sa chaumière, le regardait passer.

Le soir, au souper, il dit aux vieux :

« Faut-i qu' vous ayez été sots pour laisser prendre le p'tit aux Vallin ! »

Sa mère répondit obstinément :

« J' voulions point vendre not' éfant ! »

Le père ne disait rien.

Le fils reprit :

« C'est-i pas malheureux d'être sacrifié comme ça ! »

Alors le père Tuvache articula d'un ton coléreux :

« Vas-tu pas nous r'procher d' t'avoir gardé. »

Et le jeune homme, brutalement :

« Oui, j' vous le r'proche, que vous n'êtes que des niants*. Des parents comme vous ça fait l' malheur des éfants. Qu' vous mériteriez que j' vous quitte. »

La bonne femme pleurait dans son assiette. Elle gémit tout en avalant des cuillerées de soupe dont elle répandait la moitié :

« Tuez-vous donc pour élever d's éfants ! »

Alors le gars, rudement :

« J'aimerais mieux n'être point né que d'être c' que j' suis. Quand j'ai vu l'autre, tantôt, mon sang n'a fait qu'un tour. Je m' suis dit : v'là c' que j' serais maintenant ! »

Il se leva.

« Tenez, j' sens bien que je ferai mieux de n' pas rester ici, parce que j' vous le reprocherais du matin au soir, et que j' vous ferais une vie d' misère. Ça, voyez-vous, j' vous l' pardonnerai jamais ! »

Les deux vieux se taisaient, atterrés, larmoyants.

Il reprit :

« Non, c't' idée-là, ce serait trop dur. J'aime mieux m'en aller chercher ma vie aut' part. »

Il ouvrit la porte. Un bruit de voix entra. Les Vallin festoyaient avec l'enfant revenu.

Alors Charlot tapa du pied et, se tournant vers ses parents, cria :

« Manants*, va ! »

Et il disparut dans la nuit.

Octave Mirbeau

DEUX AMIS S'AIMAIENT

L'histoire morale de M. Anastase Gaudon et de M. Isidore Fleury peut s'écrire en deux lignes. Employés dans le même ministère, ils avaient vécu côte à côte, pendant trente-cinq ans, sans passions, sans idées, sans brouilles, d'une même existence ponctuelle, paresseuse et léthargique*. Ce qu'ils avaient pu avoir de jeunesse, jadis, avait tout de suite disparu dans le grand ensommeillement du bureau. La parité de leurs goûts inconscients, de leur travail mécanique, de leur néant, les avait liés par une habitude d'eux-mêmes en quelque sorte végétale, plus forte qu'une amitié raisonnée. De la vie qui s'agitait autour d'eux, ils n'avaient rien vu, jamais, rien compris, rien senti. Incapables d'imaginer quoi que ce fût au-delà de soi, ils s'en tenaient à quelques préceptes* de morale courante et d'honneur établi, qui constituaient, en leur esprit, toute la science et le but de l'existence humaine. Jamais un rêve « d'autre chose » n'avait pénétré leurs pauvres cervelles, réglées comme une montre par l'administration.

Une seule chose au monde les troublait, en leur constante quiétude* : un changement de ministère. Et encore, les impressions indécises qu'ils en avaient étaient-elles le résultat de l'influence excitatrice du milieu, plutôt que de l'événement direct.

Durant quelques jours, ils étaient inquiets; leur pouls battait plus vite; ils s'élevaient jusqu'à la conception vague d'un renvoi ou d'un avancement possible. Et, le nouveau ministre installé, la paix revenue dans les bureaux, ils reprenaient aussitôt leur vie régulière et neutre de larve endormie. Les habitudes sédentaires*, l'indigeste nourriture des crèmeries*, jointes à la dépression cérébrale qui allait, chaque jour, s'accentuant, les avaient préservés des dangers spirituels ainsi que des besoins physiques de l'amour. Trois ou quatre fois, à la suite de banquets administratifs, ils avaient été entraînés dans de mauvaises maisons. Et ils en étaient sortis mécontents, plus tristes et volés.

«Ah! bien, merci! disait M. Anastase Gaudon... pour le plaisir qu'on a, vrai, c'est cher!

— Faut-il être bête! opinait M. Isidore Fleury, pour dépenser son argent à ça!

— Mais qu'est-ce qu'on trouve de drôle à ça!...» récriminait* aigrement* M. Anastase Gaudon.

Et M. Isidore Fleury, déclarait non sans dégoût:

«Quand je pense qu'il y a des hommes qui font ça tous les jours... et qui se ruinent pour faire ça!... Non, c'est incroyable!»

Pendant plusieurs semaines, après ces fâcheuses aventures, ils pensaient à l'emploi meilleur et vraiment profitable qu'ils auraient pu faire de leur argent, et ils le regrettaient.

Il n'y eut point d'autre incident dans leur vie. Mais à mesure qu'ils avancèrent en âge, de nouvelles images hantèrent le désert si vaste et si vide de leur cerveau. Des rêves de repos, de campagnes lointaines s'insinuèrent en eux, indécis d'abord. Puis, ils se précisèrent, peu à peu, davantage. M. Anastase Gaudon se voyait en manches de chemise dans un jardin.

Il voyait des bêches*, des pots de fleurs, une petite maison blanche, une levrette* dansant, devant lui, sur ses pattes grêles*. Son intelligence s'enrichissait de mille notions, de mille formes, auxquelles il n'avait pas songé jusqu'ici. M. Isidore Fleury, lui, suivait des rêveries en chapeau de paille, en veste de toile, et sur des fonds de saulaie*, entre des nénuphars, il distinguait nettement un bouchon rouge s'en aller, au bout d'une ligne, à la dérive des eaux profondes, avec d'énormes poissons, nimbés* de poêles à frire.

*

* *

M. Anastase Gaudon, prit, le premier, sa retraite. Il acquit, près de Bezons*, un petit terrain et y bâtit une petite maison. M. Isidore Fleury acquit le terrain voisin, séparé seulement de celui de Gaudon par une simple palissade qu'interrompait un puits mitoyen*. Une sente* passait au bout de la palissade ; puis, à droite et à gauche, entre des champs dénudés, sans un arbre, des champs couverts alors de chaumes* roussis, de gravats, et parsemés, çà et là, de maisons pareilles à des jouets d'enfant sur une table. Au loin, sur la détresse du ciel suburbain*, brouillé de vapeurs lourdes, quelques cheminées d'usine crispaient leurs colonnes noires, et l'horizon, au-delà de la plaine tout endeuillée de la tristesse morne* des banlieues, se confondait avec les nuages couleur de suie*.

Ce fut M. Gaudon qui, expérimenté déjà dans la bâtisse, surveilla la construction de la maison de Fleury. Celui-ci venait le dimanche. La mitoyenneté du puits fournissait aux deux amis l'occasion de plaisanteries intarissables* et harmonieuses.

« Nous aurons une femme de journée, mitoyenne ! disait Gaudon. Ce sera notre bonne mitoyenne… Nous aurons aussi un chien… mitoyen… »

Et l'œil plus brillant, les pommettes enflammées, il pinçait son ami aux genoux, clamant :

« Ah ! sacré vieux Fleury, va ! Toi aussi, tu es mitoyen… tu es un ami… toyen… »

À quoi Fleury, répondait en tapant sur l'épaule de Gaudon :

« Mitoyen… citoyen… ami… toyen… Est-il farce, ce sacré Gaudon !… »

*
* *

Depuis deux mois, la maison de M. Fleury est bâtie. Elle est pareille à celle de Gaudon. Les deux jardins se ressemblent aussi. Ils ne diffèrent que par le choix des fleurs qui les ornent. M. Gaudon n'aime que les géraniums ; M. Fleury préfère les pétunias. Ils sont parfaitement heureux. Presque toute la journée, assis sur la margelle* du puits mitoyen, ils ne se quittent pas, et rêvent à de vagues et réciproques améliorations. L'heure du coucher seule les sépare. Ils ont une bonne qui les satisfait par sa propreté et sa connaissance du miroton*. Quant au chien projeté, ils en ont remis l'acquisition à l'année suivante. Tous les matins, en se levant, ils viennent s'asseoir à la margelle du puits.

« As-tu bien dormi ? demande M. Gaudon.

— Heu!... heu!... Et toi, as-tu bien dormi?

— Ho!... Ho!...»

Puis, M. Fleury regarde le prunier: une mince tige défeuillée et qui déjà se dessèche.

Et M. Gaudon contemple longtemps son cerisier qui n'a pas donné de cerises.

«C'est aujourd'hui vendredi, hein? fait M. Gaudon.

— Oui... c'était, hier, jeudi...

— Et ce sera samedi, demain, par conséquent.

— Comme le temps passe, tout de même!...

— Oui, mon vieux Fleury!

— Oui, mon vieux Gaudon!»

Les bras croisés, les yeux vagues, ils ont l'air de réfléchir à des choses profondes. En réalité, ils ne pensent à rien. Au-delà de la sente, la plaine est nue et jaune uniformément. La Seine coule, invisible, dans ce morne espace. Aucune ligne d'arbres, aucun bateau n'en dévoile le cours sinueux*, perdu dans la monotonie* plate et ocreuse* du sol... Mais ils ne voient même pas cela... Parfois, un souvenir du ministère traverse leur esprit, mais déjà si lointain, si perdu, si déformé!... De ces trente-cinq années passées là, il ne leur reste de vraiment net que l'image imposante de l'huissier, avec sa chaîne d'argent...

«Oh! qu'on est heureux d'être indépendant! murmure de temps à autre M. Gaudon.

— Indépendant!... oui, oui! c'est ça!... répond M. Fleury... Indépendant, chez soi... In-dé-pen-dant!...»

Et ce mot qu'ils répètent, avec des temps entre les syllabes, tandis que s'étiolent* ici les géraniums et, là, les pétunias, n'éveille en eux aucune autre idée correspondante.

Un soir, après le dîner, M. Gaudon propose :

« Il faudrait enfin peindre la palissade.

— Ah ! oui ! c'est ça ! répond M. Fleury... Et comment la peindrons-nous, la palissade ?

— En vert !

— Non, en blanc !

— Moi, je n'aime pas le blanc.

— Et, moi, je déteste le vert... Le vert n'est pas une couleur !

— Pas une couleur, le vert ?... Et pourquoi dis-tu que le vert n'est pas une couleur ?

— Parce que le vert, c'est laid.

— Laid ?... le vert ? »

Et M. Gaudon se lève, ému, très rouge et très digne.

« Est-ce une allusion ?

— Prends cela comme tu voudras.

— Fleury !

— Gaudon ! »

Et, brusquement, M. Fleury s'emporte, gesticule et grimace.

« Je dis que le vert est laid... parce que j'en ai assez de tes tyrannies*... Tu as bâti ma maison, tu as dessiné mon jardin, tu te mêles toujours de mes affaires... J'en ai assez de tes tyrannies...

— De mes tyrannies ?... souffle M. Gaudon... Mais tu es une canaille !

— Et toi, tu es un imbécile... une bête... une bête !...

— Monsieur Fleury !

— Monsieur Gaudon ! »

Tous les deux, visage contre visage, le poing levé, l'œil furieux, la bouche frémissante, ils s'injurient et se provoquent.

«Je vous défends, monsieur, de remettre jamais les pieds chez moi…

— Si vous osez me regarder en face… je… je…»

*

* *

Le lendemain, dès l'aube, M. Gaudon commençait à élever un mur entre sa propriété et celle de M. Fleury… Ils vont plaider.

Guy de Maupassant

DEUX AMIS

Paris était bloqué, affamé et râlant. Les moineaux se faisaient bien rares sur les toits, et les égouts se dépeuplaient. On mangeait n'importe quoi.

Comme il se promenait tristement par un clair matin de janvier le long du boulevard extérieur, les mains dans les poches de sa culotte* d'uniforme et le ventre vide, M. Morissot, horloger de son état et pantouflard* par occasion, s'arrêta net devant un confrère qu'il reconnut pour un ami. C'était M. Sauvage, une connaissance du bord de l'eau.

Chaque dimanche, avant la guerre, Morissot partait dès l'aurore, une canne en bambou d'une main, une boîte en fer-blanc sur le dos. Il prenait le chemin de fer d'Argenteuil*, descendait à Colombes*, puis gagnait à pied l'île Marante. À peine arrivé en ce lieu de ses rêves, il se mettait à pêcher; il pêchait jusqu'à la nuit.

Chaque dimanche, il rencontrait là un petit homme replet* et jovial*, M. Sauvage, mercier*, rue Notre-Dame-de-Lorette*, autre pêcheur fanatique. Ils passaient souvent une demi-journée côte à côte, la ligne à la main et les pieds ballants* au-dessus du courant; et ils s'étaient pris d'amitié l'un pour l'autre.

En certains jours, ils ne parlaient pas. Quelquefois ils causaient; mais ils s'entendaient admirablement sans rien dire, ayant des goûts semblables et des sensations identiques.

Au printemps, le matin, vers dix heures, quand le soleil rajeuni faisait flotter sur le fleuve tranquille cette petite buée qui coule avec l'eau, et versait dans le dos des deux enragés pêcheurs une bonne chaleur de saison nouvelle, Morissot parfois disait à son voisin: « Hein! quelle douceur! » et M. Sauvage répondait: « Je ne connais rien de meilleur. » Et cela leur suffisait pour se comprendre et s'estimer.

À l'automne, vers la fin du jour, quand le ciel, ensanglanté par le soleil couchant, jetait dans l'eau des figures de nuages écarlates, empourprait le fleuve entier, enflammait l'horizon, faisait rouges comme du feu les deux amis, et dorait les arbres roussis déjà, frémissants d'un frisson d'hiver, M. Sauvage regardait en souriant Morissot et prononçait: « Quel spectacle! » Et Morissot émerveillé répondait, sans quitter des yeux son flotteur* : « Cela vaut mieux que le boulevard, hein? »

Dès qu'ils se furent reconnus, ils se serrèrent les mains énergiquement, tout émus de se retrouver en des circonstances si différentes. M. Sauvage, poussant un soupir, murmura: « En voilà des événements. » Morissot, très morne, gémit: « Et quel temps! C'est aujourd'hui le premier beau jour de l'année. »

Le ciel était, en effet, tout bleu et plein de lumière.

Ils se mirent à marcher côte à côte, rêveurs et tristes. Morissot reprit: « Et la pêche? hein! quel bon souvenir! »

M. Sauvage demanda : « Quand y retournerons-nous ? »

Ils entrèrent dans un petit café et burent ensemble une absinthe* ; puis ils se remirent à se promener sur les trottoirs.

Morissot s'arrêta soudain : « Une seconde verte, hein ? » M. Sauvage y consentit : « À votre disposition. » Et ils pénétrèrent chez un autre marchand de vins.

Ils étaient fort étourdis en sortant, troublés comme des gens à jeun dont le ventre est plein d'alcool. Il faisait doux. Une brise caressante leur chatouillait le visage.

M. Sauvage, que l'air tiède achevait de griser*, s'arrêta : « Si on y allait ?

— Où ça ?

— À la pêche, donc.

— Mais où ?

— Mais à notre île. Les avant-postes français sont auprès de Colombes. Je connais le colonel Dumoulin ; on nous laissera passer facilement. »

Morissot frémit de désir : « C'est dit. J'en suis. » Et ils se séparèrent pour prendre leurs instruments.

Une heure après, ils marchaient côte à côte sur la grand-route. Puis ils gagnèrent la villa qu'occupait le colonel. Il sourit de leur demande et consentit à leur fantaisie. Ils se remirent en marche, munis d'un laisser-passer.

Bientôt ils franchirent les avant-postes, traversèrent Colombes abandonné, et se trouvèrent au bord des petits champs de vigne qui descendent vers la Seine. Il était environ onze heures.

En face, le village d'Argenteuil semblait mort. Les hauteurs d'Orgemont* et de Sannois* dominaient tout le pays.

La grande plaine qui va jusqu'à Nanterre* était vide, toute vide, avec ses cerisiers nus et ses terres grises.

M. Sauvage, montrant du doigt les sommets, murmura: «Les Prussiens* sont là-haut!» Et une inquiétude paralysait les deux amis devant ce pays désert.

«Les Prussiens!» Ils n'en avaient jamais aperçu, mais ils les sentaient là depuis des mois, autour de Paris, ruinant la France, pillant, massacrant, affamant, invisibles et tout-puissants. Et une sorte de terreur superstitieuse* s'ajoutait à la haine qu'ils avaient pour ce peuple inconnu et victorieux.

Morissot balbutia: «Hein! si nous allions en rencontrer?»

M. Sauvage répondit, avec cette gouaillerie* parisienne reparaissant malgré tout:

«Nous leur offririons une friture.»

Mais ils hésitaient à s'aventurer dans la campagne, intimidés par le silence de tout l'horizon.

À la fin, M. Sauvage se décida: «Allons, en route! mais avec précaution.» Et ils descendirent dans un champ de vigne, courbés en deux, rampant, profitant des buissons pour se couvrir, l'œil inquiet, l'oreille tendue.

Une bande de terre nue restait à traverser pour gagner le bord du fleuve. Ils se mirent à courir; et dès qu'ils eurent atteint la berge, ils se blottirent dans les roseaux secs.

Morissot colla sa joue par terre pour écouter si on ne marchait pas dans les environs. Il n'entendit rien. Ils étaient bien seuls, tout seuls.

Ils se rassurèrent et se mirent à pêcher.

En face d'eux l'île Marante abandonnée les cachait à l'autre berge. La petite maison du restaurant était close, semblait délaissée depuis des années.

M. Sauvage prit le premier goujon*, Morissot attrapa le second, et d'instant en instant ils levaient leurs lignes avec une petite bête argentée frétillant* au bout du fil : une vraie pêche miraculeuse.

Ils introduisaient délicatement les poissons dans une poche de filet à mailles très serrées, qui trempait à leurs pieds. Et une joie délicieuse les pénétrait, cette joie qui vous saisit quand on retrouve un plaisir aimé dont on est privé depuis longtemps.

Le bon soleil leur coulait sa chaleur entre les épaules ; ils n'écoutaient plus rien ; ils ne pensaient plus à rien ; ils ignoraient le reste du monde ; ils pêchaient.

Mais soudain un bruit sourd qui semblait venir de sous terre fit trembler le sol. Le canon se remettait à tonner.

Morissot tourna la tête, et par-dessus la berge il aperçut, là-bas, sur la gauche, la grande silhouette du mont Valérien*, qui portait au front une aigrette* blanche, une buée de poudre qu'il venait de cracher.

Et aussitôt un second jet de fumée partit du sommet de la forteresse ; et quelques instants après une nouvelle détonation gronda.

Puis d'autres suivirent, et de moment en moment, la montagne jetait son haleine de mort, soufflait ses vapeurs laiteuses qui s'élevaient lentement dans le ciel calme, faisaient un nuage au-dessus d'elle.

M. Sauvage haussa les épaules : « Voilà qu'ils recommencent », dit-il.

Morissot, qui regardait anxieusement plonger coup sur coup la plume de son flotteur, fut pris soudain d'une colère d'homme paisible contre ces enragés qui se battaient ainsi, et il grommela : « Faut-il être stupide pour se tuer comme ça. »

M. Sauvage reprit : « C'est pis que des bêtes. »

Et Morissot, qui venait de saisir une ablette*, déclara : « Et dire que ce sera toujours ainsi tant qu'il y aura des gouvernements. »

M. Sauvage l'arrêta : « La République n'aurait pas déclaré la guerre... »

Morissot l'interrompit : « Avec les rois on a la guerre au-dehors ; avec la République on a la guerre au-dedans. »

Et tranquillement ils se mirent à discuter, débrouillant les grands problèmes politiques avec une raison saine d'hommes doux et bornés, tombant d'accord sur ce point, qu'on ne serait jamais libres. Et le mont Valérien tonnait sans repos, démolissant à coups de boulet des maisons françaises, broyant des vies, écrasant des êtres, mettant fin à bien des rêves, à bien des joies attendues, à bien des bonheurs espérés, ouvrant en des cœurs de femmes, en des cœurs de filles, en des cœurs de mères, là-bas, en d'autres pays, des souffrances qui ne finiraient plus.

« C'est la vie, déclara M. Sauvage.

— Dites plutôt que c'est la mort », reprit en riant Morissot.

Mais ils tressaillirent* effarés, sentant bien qu'on venait de marcher derrière eux ; et ayant tourné les yeux, ils aperçurent, debout contre leurs épaules, quatre hommes, quatre grands hommes armés et barbus, vêtus comme des domestiques en livrée* et coiffés de casquettes plates, les tenant en joue au bout de leurs fusils.

Les deux lignes s'échappèrent de leurs mains et se mirent à descendre la rivière.

En quelques secondes, ils furent saisis, attachés, emportés, jetés dans une barque et passés dans l'île.

Et derrière la maison qu'ils avaient crue abandonnée, ils aperçurent une vingtaine de soldats allemands.

Une sorte de géant velu, qui fumait, à cheval sur une chaise, une grande pipe de porcelaine, leur demanda, en excellent français : « Eh bien, messieurs, avez-vous fait bonne pêche ? »

Alors un soldat déposa aux pieds de l'officier le filet plein de poissons, qu'il avait eu soin d'emporter. Le Prussien sourit : « Eh ! eh ! je vois que ça n'allait pas mal. Mais il s'agit d'autre chose. Écoutez-moi et ne vous troublez pas.

« Pour moi, vous êtes deux espions envoyés pour me guetter. Je vous prends et je vous fusille. Vous faisiez semblant de pêcher, afin de mieux dissimuler vos projets. Vous êtes tombés entre mes mains, tant pis pour vous ; c'est la guerre.

« Mais comme vous êtes sortis par les avant-postes, vous avez assurément un mot d'ordre pour rentrer. Donnez-moi ce mot d'ordre et je vous fais grâce. »

Les deux amis, livides, côte à côte, les mains agitées d'un léger tremblement nerveux, se taisaient.

L'officier reprit : « Personne ne le saura jamais, vous rentrerez paisiblement. Le secret disparaîtra avec vous. Si vous refusez, c'est la mort, et tout de suite. Choisissez. »

Ils demeuraient immobiles sans ouvrir la bouche.

Le Prussien, toujours calme, reprit en étendant la main vers la rivière : « Songez que dans cinq minutes vous serez au fond de cette eau. Dans cinq minutes ! Vous devez avoir des parents ? »

Le mont Valérien tonnait toujours.

Les deux pêcheurs restaient debout et silencieux. L'Allemand donna des ordres dans sa langue. Puis il changea sa chaise de place pour ne pas se trouver trop près des prisonniers ; et douze hommes vinrent se placer à vingt pas, le fusil au pied.

L'officier reprit : « Je vous donne une minute, pas deux secondes de plus. »

Puis il se leva brusquement, s'approcha des deux Français, prit Morissot sous le bras, l'entraîna plus loin, lui dit à voix basse : « Vite, ce mot d'ordre ? Votre camarade ne saura rien, j'aurai l'air de m'attendrir. »

Morissot ne répondit rien.

Le Prussien entraîna alors M. Sauvage et lui posa la même question.

M. Sauvage ne répondit pas.

Ils se retrouvèrent côte à côte.

Et l'officier se mit à commander. Les soldats élevèrent leurs armes.

Alors le regard de Morissot tomba par hasard sur le filet plein de goujons, resté dans l'herbe, à quelques pas de lui.

Un rayon de soleil faisait briller le tas de poissons qui s'agitaient encore. Et une défaillance* l'envahit. Malgré ses efforts, ses yeux s'emplirent de larmes.

Il balbutia : « Adieu, monsieur Sauvage. »

M. Sauvage répondit : « Adieu, monsieur Morissot. »

Ils se serrèrent la main, secoués des pieds à la tête par d'invincibles tremblements.

L'officier cria : « Feu ! »

Les douze coups n'en firent qu'un.

M. Sauvage tomba d'un bloc sur le nez. Morissot, plus grand, oscilla*, pivota et s'abattit en travers sur son camarade, le visage au ciel, tandis que des bouillons de sang s'échappaient de sa tunique crevée à la poitrine.

L'Allemand donna de nouveaux ordres.

Ses hommes se dispersèrent, puis revinrent avec des cordes et des pierres qu'ils attachèrent aux pieds des deux morts ; puis ils les portèrent sur la berge.

Le mont Valérien ne cessait pas de gronder, coiffé maintenant d'une montagne de fumée.

Deux soldats prirent Morissot par la tête et par les jambes ; deux autres saisirent M. Sauvage de la même façon. Les corps, un instant balancés avec force, furent lancés au loin, décrivirent une courbe, puis plongèrent, debout, dans le fleuve, les pierres entraînant les pieds d'abord.

L'eau rejaillit, bouillonna, frissonna, puis se calma, tandis que de toutes petites vagues s'en venaient jusqu'aux rives.

Un peu de sang flottait.

L'officier, toujours serein, dit à mi-voix : « C'est le tour des poissons maintenant. »

Puis il revint vers la maison.

Et soudain il aperçut le filet aux goujons dans l'herbe. Il le ramassa, l'examina, sourit, cria : « Wilhem ! »

Un soldat accourut, en tablier blanc. Et le Prussien, lui jetant la pêche des deux fusillés, commanda : « Fais-moi frire tout de suite ces petits animaux-là pendant qu'ils sont encore vivants. Ce sera délicieux. »

Puis il se remit à fumer sa pipe.

Guy de Maupassant

MENUET

À Paul Bourget.

Les grands malheurs ne m'attristent guère, dit Jean Bridelle, un vieux garçon qui passait pour sceptique*. J'ai vu la guerre de bien près : j'enjambais les corps sans apitoiement*. Les fortes brutalités de la nature ou des hommes peuvent nous faire pousser des cris d'horreur ou d'indignation, mais ne nous donnent point ce pincement au cœur, ce frisson qui vous passe dans le dos à la vue de certaines petites choses navrantes.

La plus violente douleur qu'on puisse éprouver, certes, est la perte d'un enfant pour une mère, et la perte de la mère pour un homme. Cela est violent, terrible, cela bouleverse et déchire ; mais on guérit de ces catastrophes comme des larges blessures saignantes. Or, certaines rencontres, certaines choses entr'aperçues, devinées, certains chagrins secrets, certaines perfidies du sort, qui remuent en nous tout un monde douloureux de pensées, qui entrouvrent devant nous brusquement la porte mystérieuse des souffrances morales, compliquées, incurables*, d'autant plus profondes qu'elles semblent bénignes*, d'autant plus cuisantes qu'elles semblent presque insaisissables, d'autant plus tenaces* qu'elles semblent factices*, nous laissent à l'âme comme une traînée de tristesse, un goût d'amertume, une sensation de désenchantement dont nous sommes longtemps à nous débarrasser.

J'ai toujours devant les yeux deux ou trois choses que d'autres n'eussent point remarquées assurément, et qui sont entrées en moi comme de longues et minces piqûres inguérissables.

Vous ne comprendriez peut-être pas l'émotion qui m'est restée de ces rapides impressions. Je ne vous en dirai qu'une. Elle est très vieille, mais vive comme d'hier. Il se peut que mon imagination seule ait fait les frais de mon attendrissement.

J'ai cinquante ans. J'étais jeune alors et j'étudiais le droit. Un peu triste, un peu rêveur, imprégné d'une philosophie mélancolique, je n'aimais guère les cafés bruyants, les camarades braillards*, ni les filles stupides. Je me levais tôt; et une de mes plus chères voluptés* était de me promener seul, vers huit heures du matin, dans la pépinière* du Luxembourg*.

Vous ne l'avez pas connue, vous autres, cette pépinière? C'était comme un jardin oublié de l'autre siècle, un jardin joli comme un doux sourire de vieille. Des haies touffues séparaient les allées étroites et régulières, allées calmes entre deux murs de feuillage taillés avec méthode. Les grands ciseaux du jardinier alignaient sans relâche ces cloisons de branches; et, de place en place, on rencontrait des parterres de fleurs, des plates-bandes de petits arbres rangés comme des collégiens en promenade, des sociétés de rosiers magnifiques ou des régiments d'arbres à fruits.

Tout un coin de ce ravissant bosquet était habité par les abeilles. Leurs maisons de paille, savamment espacées sur des planches, ouvraient au soleil leurs portes grandes comme l'entrée d'un dé à coudre ; et on rencontrait tout le long des chemins les mouches bourdonnantes et dorées, vraies maîtresses de ce lieu pacifique, vraies promeneuses de ces tranquilles allées en corridors*.

Je venais là presque tous les matins. Je m'asseyais sur un banc et je lisais. Parfois je laissais retomber le livre sur mes genoux pour rêver, pour écouter autour de moi vivre Paris, et jouir du repos infini de ces charmilles* à la mode ancienne.

Mais je m'aperçus bientôt que je n'étais pas seul à fréquenter ce lieu dès l'ouverture des barrières, et je rencontrais parfois, nez à nez, au coin d'un massif, un étrange petit vieillard.

Il portait des souliers à boucles d'argent, une culotte à pont, une redingote tabac d'Espagne, une dentelle en guise de cravate et un invraisemblable chapeau gris à grands bords et à grands poils, qui faisait penser au déluge*.

Il était maigre, fort maigre, anguleux*, grimaçant et souriant. Ses yeux vifs palpitaient, s'agitaient sous un mouvement continu des paupières ; et il avait toujours à la main une superbe canne à pommeau d'or qui devait être pour lui quelque souvenir magnifique.

Ce bonhomme m'étonna d'abord, puis m'intéressa outre mesure. Et je le guettais à travers les murs de feuilles, je le suivais de loin, m'arrêtant au détour des bosquets pour n'être point vu.

Et voilà qu'un matin, comme il se croyait bien seul, il se mit à faire des mouvements singuliers : quelques petits bonds d'abord, puis une révérence ; puis il battit, de sa jambe grêle, un entrechat* encore alerte, puis il commença à pivoter galamment, sautillant, se trémoussant d'une façon drôle, souriant comme devant un public, faisant des grâces, arrondissant les bras, tortillant son pauvre corps de marionnette, adressant dans le vide de légers saluts attendrissants et ridicules. Il dansait !

Je demeurais pétrifié d'étonnement, me demandant lequel des deux était fou, lui, ou moi.

Mais il s'arrêta soudain, s'avança comme font les acteurs sur la scène, puis s'inclina en reculant avec des sourires gracieux et des baisers de comédienne qu'il jetait de sa main tremblante aux deux rangées d'arbres taillés.

Et il reprit avec gravité sa promenade.

À partir de ce jour, je ne le perdis plus de vue ; et, chaque matin, il recommençait son exercice invraisemblable.

Une envie folle me prit de lui parler. Je me risquai, et, l'ayant salué, je lui dis :

« Il fait bien bon aujourd'hui, monsieur. »

Il s'inclina.

« Oui, monsieur, c'est un vrai temps de jadis. »

Huit jours après, nous étions amis, et je connus son histoire. Il avait été maître de danse à l'Opéra, du temps du roi Louis XV*. Sa belle canne était un cadeau du comte de Clermont*. Et, quand on lui parlait de danse, il ne s'arrêtait plus de bavarder.

Or, voilà qu'un jour il me confia :

« J'ai épousé la Castris*, monsieur. Je vous présenterai si vous voulez, mais elle ne vient ici que sur le tantôt*. Ce jardin, voyez-vous, c'est notre plaisir et notre vie. C'est tout ce qui nous reste d'autrefois. Il nous semble que nous ne pourrions plus exister si nous ne l'avions point. Cela est vieux et distingué, n'est-ce pas ? Je crois y respirer un air qui n'a point changé depuis ma jeunesse. Ma femme et moi, nous y passons tous nos après-midi. Mais, moi, j'y viens dès le matin, car je me lève de bonne heure. »

Dès que j'eus fini de déjeuner, je retournai au Luxembourg, et bientôt j'aperçus mon ami qui donnait le bras avec cérémonie à une toute vieille petite femme vêtue de noir, et à qui je fus présenté. C'était la Castris, la grande danseuse aimée des princes, aimée du roi, aimée de tout ce siècle galant qui semble avoir laissé dans le monde une odeur d'amour.

Nous nous assîmes sur un banc. C'était au mois de mai. Un parfum de fleurs voltigeait dans les allées proprettes ; un bon soleil glissait entre les feuilles et semait sur nous de larges gouttes de lumière. La robe noire de la Castris semblait toute mouillée de clarté.

Le jardin était vide. On entendait au loin rouler des fiacres*.

« Expliquez-moi donc, dis-je au vieux danseur, ce que c'était que le menuet ? »

Il tressaillit.

« Le menuet, monsieur, c'est la reine des danses, et la danse des Reines, entendez-vous ? Depuis qu'il n'y a plus de Rois, il n'y a plus de menuet. »

Et il commença, en style pompeux, un long éloge* dithyrambique* auquel je ne compris rien. Je voulus me faire décrire les pas, tous les mouvements, les poses. Il s'embrouillait, s'exaspérant de son impuissance, nerveux et désolé.

Et soudain, se tournant vers son antique compagne, toujours silencieuse et grave :

« Élise, veux-tu, dis, veux-tu, tu seras bien gentille, veux-tu que nous montrions à monsieur ce que c'était ? »

Elle tourna ses yeux inquiets de tous les côtés, puis se leva sans dire un mot et vint se placer en face de lui.

Alors je vis une chose inoubliable.

Ils allaient et venaient avec des simagrées* enfantines, se souriaient, se balançaient, s'inclinaient, sautillaient pareils à deux vieilles poupées qu'aurait fait danser une mécanique ancienne, un peu brisée, construite jadis par un ouvrier fort habile, suivant la manière de son temps.

Et je les regardais, le cœur troublé de sensations extraordinaires, l'âme émue d'une indicible mélancolie. Il me semblait voir une apparition lamentable et comique, l'ombre démodée d'un siècle. J'avais envie de rire et besoin de pleurer.

Tout à coup ils s'arrêtèrent, ils avaient terminé les figures de la danse. Pendant quelques secondes ils restèrent debout l'un devant l'autre, grimaçant d'une façon surprenante ; puis ils s'embrassèrent en sanglotant.

Je partais, trois jours après, pour la province. Je ne les ai point revus. Quand je revins à Paris, deux ans plus tard, on avait détruit la pépinière. Que sont-ils devenus sans le cher jardin d'autrefois, avec ses chemins en labyrinthe, son odeur du passé et les détours gracieux des charmilles ?

Sont-ils morts ? Errent-ils par les rues modernes comme des exilés sans espoir ? Dansent-ils, spectres falots*, un menuet fantastique entre les cyprès* d'un cimetière, le long des sentiers bordés de tombes, au clair de lune ?

Leur souvenir me hante, m'obsède, me torture, demeure en moi comme une blessure. Pourquoi ? Je n'en sais rien.

Vous trouverez cela ridicule, sans doute ?

DOSSIER LIBRIO+

Des pages en + pour s'approprier le texte,
le comprendre sans notes, et s'exercer !

Fiche 1 : Lire sans notes et travailler le lexique

1. À vos dictionnaires !

a. Qu'est-ce qu'un menuet ? Expliquez le titre de la nouvelle de Maupassant, p. 54-60.

b. Recherchez le sens du verbe « plaider », p. 44.

c. Quelle est la définition des termes « galopiner » (p. 17) et « rente » (p. 32 et 33) ? Établissez leur champ dérivationnel (leur famille de mots).

d. À l'aide d'un dictionnaire étymologique, expliquez ce qu'est la « mélancolie » (p. 59) et proposez une définition de l'adjectif « mélancolique » (p. 55).

e. Recherchez la définition du mot « nouvelle ». Quel est le sens en littérature ?

2. Sans dictionnaire

a. À partir du nom commun « farce », que vous connaissez, déduisez le sens de l'adjectif dans la phrase : « Est-il farce, ce sacré Gaudon !... », p. 41.

b. Trouvez les mots de la même famille que « tenaces » (p. 55).

c. Expliquez avec vos mots l'expression « veux-tu en être » prononcée par le grand Michu, p. 9.

d. Décomposez l'adjectif « indigeste » (p. 39) : à partir du radical que vous avez trouvé, déduisez le sens de ce mot.

e. Dans le récit *Aux champs*, p. 29-37, que signifie le terme « éfant » ?

3. Questionnaire de lecture

a. Qui sont les auteurs des œuvres étudiées ?

b. En vous aidant de la partie « À vos dictionnaires » page précédente, à quel genre littéraire rattachez-vous ces récits ?

c. Outre celui de l'amitié, quels sont les autres thèmes présents dans le recueil ?

d. À quelle époque et où se situe l'action des différents textes ?

e. Qui sont les protagonistes en présence ?

f. Avons-nous une majorité de personnages masculins ou féminins ?

g. À quelle personne chacun des récits est-il raconté ?

h. Ces récits finissent-ils bien ? Expliquez votre réponse.

i. Établissez un tableau récapitulatif comprenant les principaux points communs et différences identifiés entre ces six nouvelles.

j. Quel est le récit que vous avez préféré ? Justifiez votre réponse à l'aide de trois arguments.

Fiche 2 : Au fil du texte

1. *Le Grand Michu* (p. 9-16)

a. Qui le titre désigne-t-il ? Relevez l'expansion du nom.
b. À l'aide des éléments du texte, établissez un portrait de ce personnage. En quoi diffère-t-il de ses camarades ?
c. « Tu es des nôtres », p. 10 : justifiez la présence de l'accent circonflexe.
d. « Ce brigand, cet honnête homme illettré », p. 11 : repérez la contradiction. À votre avis, pourquoi apparaît-elle dans le texte ?
e. Pour quelles raisons le père du grand Michu envoie-t-il son fils à l'école ?
f. En quoi consiste la rébellion des enfants ? Expliquez le plan élaboré et le rôle que jouent le narrateur et le héros éponyme.
g. Pensez-vous que l'exclusion du grand Michu soit injuste ? Développez votre réponse.
h. La révolte aura-t-elle servi à quelque chose ? Expliquez votre réponse.
i. En quoi les derniers mots de la nouvelle reflètent-ils l'ironie du sort de Michu ?

2. *Le Papa de Simon* (p. 17-28)

a. Analysez le nom « la Blanchotte » : que vous évoque-t-il ? Pourquoi les mères du village n'aiment-elles pas cette femme ? En lisant la nouvelle jusqu'à la p. 18, essayez de deviner ce qui lui est arrivé.

b. Étudiez les réactions successives de Simon lorsqu'il est interrogé par ses camarades. Comment se termine le dialogue entre le garçon et les autres enfants ?

c. Expliquez le comportement des camarades de classe de Simon. Vous paraît-il normal ou méchant ?

d. « Le petit enfant sans père », p. 20 : qui est désigné ainsi ? Identifiez l'expansion du nom.

e. Quelle terrible décision Simon prend-il ? Pour quelles raisons ?

f. Relevez les preuves de bienveillance de la part de l'ouvrier.

g. Quelle demande Simon fait-il à Philippe ?

h. Quels éléments manque-t-il à Simon pour que ses camarades croient que Philippe est son papa ? Analysez la nuance « ce n'est pas ton papa tout à fait », p. 25.

i. « Le petit à la Blanchotte courba la tête », p. 25 : relevez et corrigez l'erreur de grammaire.

j. Que demande implicitement Simon à Philippe lorsqu'il le retrouve à la forge ?

k. Qu'est-il arrivé en réalité à la Blanchotte ?

l. À la fin du récit, Philippe est associé à un héros antique, également demi-dieu : lequel ? À quel personnage du Panthéon gréco-romain peut-il être également associé ? Expliquez ces rapprochements.

m. Quelle est la décision de Philippe ? A-t-il pris cette décision seul ou a-t-il été convaincu par quelqu'un d'autre ?

3. ***Aux champs* (p. 29-37)**

a. À quel milieu social avons-nous affaire dans cette nouvelle ?

b. Présentez les deux familles décrites au début du récit : en quoi sont-elles semblables ?

c. Quel niveau de langue emploient-elles ? Relevez quelques expressions pour appuyer votre réponse.

d. Relevez dans le texte les termes utilisés pour désigner les enfants.

e. Quel événement vient bouleverser ces deux familles ?

f. Quel malheur connaissent M. et Mme d'Hubières ? Quel arrangement proposent-ils aux Tuvache ?

g. Expliquez le refus des Tuvache et l'accord des Vallin. Pensez-vous que les Tuvache regrettent leur décision ? Aidez-vous du texte.

h. Quel est le type de discours rapporté dans cet extrait : « répétant sans cesse de porte en porte qu'il fallait être dénaturé pour vendre son enfant, que c'était une horreur, une saleté, une corromperie », p. 34 ?

i. « Leur fils aîné partit au service. » (p. 35) : que signifie cette phrase ?

j. Comment Jean a-t-il évolué ? Comparez la description qui est faite du jeune homme à celle des enfants lorsqu'ils étaient petits.

k. Comprenez-vous la colère de Charlot ? Justifiez votre avis.

l. Expliquez ce qu'est une ellipse temporelle et repérez-en une dans le texte.

4. *Deux amis s'aimaient* (p. 38-44)

a. Commentez l'existence des deux hommes telle qu'elle est présentée au début de l'œuvre. Choisissez deux adjectifs pour la qualifier.

b. « Jamais un rêve "d'autre chose" n'avait pénétré leurs pauvres cervelles, réglées comme une montre par l'administration. » (p. 38) Quelle est la figure de style en présence ? Rappelez sa définition.

c. Relevez des mots et des expressions qui appartiennent au champ lexical de la nature.

d. « Au loin, sur la détresse du ciel suburbain, brouillé de vapeurs lourdes, quelques cheminées d'usine crispaient leurs colonnes noires, et l'horizon, au-delà de la plaine tout endeuillée de la tristesse morne des banlieues, se confondait avec les nuages couleur de suie. » (p. 40) Avons-nous là une description flatteuse du paysage ? Expliquez votre avis.

e. Que pensez-vous des échanges entre les deux hommes, avant la dispute ?

f. « Je dis que le vert est laid... parce que j'en ai assez de tes tyrannies... », p. 43 : M. Fleury déteste-t-il réellement le vert ? Que révèle le mot « tyrannies » à propos du caractère de M. Gaudon ?

g. À partir de la définition du verbe « plaider » que vous avez trouvée précédemment (voir question **1. b.**, p. 63), expliquez la dernière phrase du récit.

h. Anastase Gaudon et Isidore Fleury étaient-ils de vrais amis, selon vous ? Expliquez votre réponse.

5. ***Deux amis* (p. 45-53)**

a. Quel est l'événement politique survenu à Paris dont sont témoins MM. Sauvage et Morissot ? Comment influe-t-il sur leur vie ?

b. Grâce à quelle activité leur amitié naît-elle ? Commentez cette amitié.

c. « Une seconde verte, hein ? », p. 47 : de quoi M. Morissot parle-t-il ?

d. « En face, le village d'Argenteuil semblait mort. Les hauteurs d'Orgemont et de Sannois dominaient tout le pays. La grande plaine qui va jusqu'à Nanterre était vide, toute vide, avec ses cerisiers nus et ses terres grises. » (p. 47-48) S'agit-il d'une description méliorative ? À quelle autre description plus haut dans le récit ce paysage s'oppose-t-il ?

e. Quelle image est donnée des Prussiens ? Appuyez votre réponse à l'aide d'éléments du texte.

f. « La grande silhouette du mont Valérien » et « la montagne jetait son haleine de mort » (p. 49) : quelle est la figure de style employée dans ces deux expressions ? Rappelez sa définition.

g. À partir du moment où les deux hommes sont interrogés par l'officier prussien (p. 51), relevez le champ lexical de l'angoisse.

h. À votre avis, pour quelles raisons les deux amis décident-ils de ne rien dire au Prussien ?

i. Que révèle la dernière réplique de l'officier sur son caractère ?

6. *Menuet* (p. 54-60)

a. Comment appelle-t-on un retour dans le passé en littérature ?

b. À quel champ lexical appartiennent les mots et les expressions suivantes : « pépinière », « jardin », « feuillage », « fleurs » ?

c. « Je venais là presque tous les matins. » (p. 56) : quel est la valeur de l'imparfait dans cette phrase ?

d. Montrez que le vieil homme est un personnage extraordinaire de par son physique et son habillement.

e. « Jadis » (p. 57) est un adverbe employé par le vieux monsieur. Quel autre synonyme utilise-t-il plus loin ?

f. « Depuis qu'il n'y a plus de Rois, il n'y a plus de menuet. » (p. 58) : que veut dire par là le personnage ?

g. À quoi voyez-vous que le narrateur est ému devant le menuet auquel il assiste ? Ressent-il d'autres émotions ? Expliquez votre réponse.

h. Que répondriez-vous à la dernière question venant clore la nouvelle, p. 60 ?

Fiche 3 : En pratique

1. Le vocabulaire du portrait

a. Trouvez, pour chaque expression, l'adjectif correspondant :

Économe	Ma voisine change d'humeur en quelques minutes.
Lunatique	Cet élève a répondu au professeur de façon irrespectueuse.
Orgueilleux	Le délégué a un visage agréable, il a l'air sympathique.
Avenant	Mon cousin se moque de toute la famille.
Susceptible	Le proviseur se fait respecter.
Goguenard	Ma grand-mère dépense très peu d'argent.
Autoritaire	Mon oncle est une personne très fière.
Insolent	Je me vexe très facilement.

b. Trouvez, pour chaque expression, l'adjectif contraire :

Clairsemés	Des joues pleines
Blême	Un regard rieur
Creuses	Des cheveux fournis
Joufflu	Un visage émacié
Vif	Une tenue débraillée
Élégante	Un visage ridé
Morne	Un teint mat
Lisse	Un regard éteint

c. Retrouvez les métaphores couramment employées pour désigner les éléments suivants :

– Une personne insensible, au cœur très dur : un cœur de ....
– Une personne très mince, avec la taille fine : une taille de ....
– Un œil perçant : un œil de ....
– Une peau très douce : une peau de ....
– Une personne très patiente : une patience d' ....
– Une personne en très bonne santé : une santé de .... ou de ....
– Un cou très gros : un cou de ....

d. Remplaçez les verbes « être » et « avoir » par « encadrer », « briller », « creuser », « se dessiner », « sillonner », et réécrivez les phrases en conséquent :

– Son sourire est malicieux.
– Il y a des rides sur son visage.
– Il a une fossette au menton.
– Il a de la colère dans le regard.
– Elle a des boucles brunes sur le front.

e. Parmi les portraits suivants, dites lesquels sont péjoratifs et lesquels sont mélioratifs ; justifiez votre choix en relevant des éléments dans les trois extraits :

> Sa peau, parfaitement unie, approchait fort de la teinte du cuivre. Ses yeux étaient obliques, mais admirablement fendus ; ses lèvres, un peu fortes, mais bien dessinées et laissant voir des dents plus blanches que des amandes sans leur peau. Ses cheveux, peut-être un peu gros, étaient noirs, à reflets bleus comme l'aile de corbeau, longs et luisants.
>
> (Prosper Mérimée, *Carmen*)

Devant le guéridon, un homme était assis, de quarante à quarante-cinq ans, petit, gros, trapu, rougeaud, en bras de chemise, avec des caleçons de flanelle, une forte barbe courte et des yeux flamboyants... Cet homme, c'était Tartarin, Tartarin de Tarascon.

(Alphonse Daudet, *Tartarin de Tarascon*)

Huckleberry portait des vêtements d'homme, toujours en lambeaux. Une seule bretelle retenait son pantalon dont les jambes, toutes trouées, traînaient dans la poussière. Du printemps à l'automne, il allait nu-pieds. À l'occasion, il employait les jurons les plus grossiers.

(Marc Twain, *Tom Sawyer*)

2. Grammaire : le groupe nominal

a. Relevez les pronoms et indiquez s'ils sont personnels, démonstratifs, possessifs ou relatifs :

– Il croit son ami.
– Celui-ci est digne de confiance.
– Je vous souhaite une bonne journée.
– Il aime le jardin de son voisin, le sien est trop petit.
– Il a invité des amies qui sont les siennes depuis toujours.

b. Complétez ces phrases avec le pronom qui convient :

– Les élèves sont arrivés en retard, ... étaient coincés dans les transports.
– Je tiens ta main. Et toi, tu tiens ....
– Le portail s'est ouvert sans qu'on ait besoin d'appuyer sur un bouton, ... est automatisé.
– Mes cousines arrivent. Je .... rejoins.
– Je les crois, bien sûr. Et vous, ... croyez- .... aussi ?

c. Complétez ces phrases par « leur(s) » en bleu si c'est un déterminant et « leur » en noir si c'est un pronom :

– Le colonel qui les a laissés passer .... faisait confiance.

– .... amitié était sincère et .... lettres le montrent bien.

– .... point commun est la passion pour la pêche.

– L'officier prussien .... a demandé s'ils étaient des espions.

– .... goujons ont été dévorés par les Prussiens.

d. Indiquez de quoi sont composés les groupes nominaux en gras, en vous aidant des étiquettes suivantes (vous pouvez utiliser plusieurs fois la même étiquette pour le même GN) : déterminant, nom commun, nom propre, adjectif, préposition.

– Simon aimerait que **ses camarades** ne le harcèlent plus.

– **Le papa de Simon** a abandonné la Blanchotte après lui avoir promis un mariage.

– **Les femmes du village** n'adressent pas la parole à **cette brave femme**.

– **Philippe Remy** est **un homme bienveillant** à l'égard de Simon.

– On ignore quel est **le vrai prénom de la mère du héros éponyme**.

e. À partir de ces trois colonnes, composez le plus de GN possibles :

Un champ	jaune	en dentelle
Une surprise	énorme	de rêve
Une entrée	étonnant(e)	à grand fracas
Une robe	merveilleux(se)	de ma tante

f. Dans cet extrait, identifiez les GN puis indiquez les épithètes et les compléments du nom :

> Le grand Michu était, d'ailleurs, beaucoup plus âgé que nous. Il avait près de dix-huit ans, bien qu'il ne se trouvât encore qu'en quatrième. Mais on n'osait le plaisanter. C'était un de ces esprits droits, qui apprennent difficilement, qui ne devinent rien ; seulement, quand il savait une chose, il la savait à fond et pour toujours. Fort, comme taillé à coups de hache, il régnait en maître pendant les récréations. Avec cela, d'une douceur extrême. Je ne l'ai jamais vu qu'une fois en colère ; il voulait étrangler un pion qui nous enseignait que tous les républicains étaient des voleurs et des assassins. On faillit mettre le grand Michu à la porte.
>
> (*Le Grand Michu*, p. 11)

g. Dans les phrases suivantes, soulignez le sujet et indiquez sa classe grammaticale (s'il s'agit d'un GN, décomposez-le le plus possible et identifiez le noyau) :

– Ma femme s'est mal expliquée. Nous voulons l'adopter, mais il reviendra vous voir.
– Et comment la peindrons-nous, la palissade ?
– Alors le regard de Morissot tomba par hasard sur le filet plein de goujons, resté dans l'herbe, à quelques pas de lui.
– Resté seul, le petit enfant sans père se mit à courir vers les champs, car un souvenir lui était venu.
– Ses yeux vifs palpitaient, s'agitaient sous un mouvement continu des paupières ; et il avait toujours à la main une superbe canne à pommeau d'or qui devait être pour lui quelque souvenir magnifique.
– Le plan de ces messieurs était d'une simplicité héroïque : il suffirait, pensaient-ils, de mettre leur appétit en grève, de

refuser toute nourriture, jusqu'à ce que le proviseur déclarât solennellement que l'ordinaire serait amélioré.

3. Conjugaison : le futur et le conditionnel

a. Complétez ce poème en mettant au futur simple les verbes entre parenthèses :

> Par les soirs bleus d'été, j'(aller) dans les sentiers,
> Picoté par les blés, fouler l'herbe menue :
> Rêveur, j'en (sentir) la fraîcheur à mes pieds.
> Je (laisser) le vent baigner ma tête nue.
>
> Je ne (parler) pas, je ne (penser) rien :
> Mais l'amour infini me (monter) dans l'âme,
> Et j'(aller) loin, bien loin, comme un bohémien,
> Par la Nature, — heureux comme avec une femme.
>
> («Sensation», Arthur Rimbaud, *Les Cahiers de Douai*)

b. Réécrivez ces phrases en conjuguant les verbes au futur simple :

- Les Dupont ont payé l'addition au restaurant.
- Mon père sortait le chien même sous la pluie.
- Tu enlèves tes chaussures avant d'entrer.
- Ma mère ouvrit les huîtres pour le repas du Nouvel An et ma sœur et moi décortiquâmes les crevettes.
- Avez-vous pris des photos du mariage ?

c. Conjuguez les verbes entre parenthèses au conditionnel présent :

- Si j'étais Simon, je (ignorer) les moqueries des enfants du village.
- Ma mère et moi (aller) au marché la tête haute, sans prêter attention à ce que les autres (dire).

– J'(apprendre) aux autres qu'il faut traiter les personnes différentes avec respect.
– Vous m'(écouter) et vous (finir) par nous laisser vivre.
– Peut-être même que je me (faire) des amis au bout de quelques semaines.

d. Écrivez au conditionnel présent les formes qui sont au futur simple :

– Je vous serai reconnaissante de bien vouloir accéder à ma demande.
– Vous nous enverrez des photos de Rome !
– Tu te sentiras heureuse d'avoir couru ce marathon !
– Selon la rumeur, des professeurs prépareront un voyage scolaire outre-Atlantique.
– Serons-nous les seuls à réussir le contrôle ?

e. Pour chaque phrase, indiquez si le verbe en gras est au futur ou au conditionnel présent. Qu'exprime leur emploi ?

– Vous **lirez** les nouvelles de Maupassant pour demain !
– Avec plus d'endurance, tu **courrais** mieux.
– Si nous le pouvions, nous **partirions** en vacances !
– Mes grands-parents **arriveront** demain matin.
– N'y va pas, tu te **perdrais** !

f. À quoi votre meilleur ami ressemblera-t-il dans dix ans ? Décrivez-le à l'aide du futur. À quoi pourrait ressembler votre amitié ? Exprimez vos idées et vos hypothèses à l'aide du conditionnel.

Fiche 4 : Vers le brevet (expression écrite, dictées, réécritures)

1. Sujets de rédaction

a. Le narrateur et ses camarades écrivent une lettre au directeur de l'internat pour protester contre le renvoi du grand Michu. Votre travail de trente lignes, écrit en langage soutenu, respectera la mise en page de la lettre.

b. Le maître d'école, ayant assisté à une bagarre entre les élèves, convoque Simon et ses camarades afin qu'ils s'expliquent. Imaginez, en une cinquantaine de lignes, le dialogue entre l'adulte et les enfants autour du thème du harcèlement (vous pouvez également jouer ce dialogue sous forme de saynète).

c. Imaginez un dialogue entre Jean Vallin et Charlot Tuvache : ce dernier vient de quitter ses parents contre lesquels il est furieux et rencontre Jean. Votre rédaction fera une quarantaine de lignes.

d. Faites le portrait de la Castris lorsqu'elle était jeune et au sommet de sa gloire. Votre description sera au passé et comportera vingt lignes environ ; vous vous aiderez du vocabulaire du portrait.

2. Dictées

a. Pour travailler les doubles consonnes :

> Chaque lundi matin, le brocanteur qui logeait sous l'allée étalait par terre ses ferrailles. Puis la ville se remplissait d'un bourdonnement de voix, où se mêlaient des hennissements de chevaux, des bêlements d'agneaux, des grognements de cochons, avec le bruit sec des carrioles dans la rue. Vers midi,

au plus fort du marché, on voyait paraître sur le seuil un vieux paysan de haute taille, la casquette en arrière, le nez crochu, et qui était Robelin, le fermier de Geffosses. Peu de temps après, — c'était Liébard, le fermier de Toucques, petit, rouge, obèse, portant une veste grise et des houseaux armés d'éperons.

(Gustave Flaubert, *Un cœur simple*)

b. Pour travailler les noms féminins en -é :

Un soir, une courte panne d'électricité l'ayant surpris dans le vestibule de son petit appartement de célibataire, il tâtonna un moment dans les ténèbres et, le courant revenu, se trouva sur le palier du troisième étage. Comme sa porte d'entrée était fermée à clé de l'intérieur, l'incident lui donna à réfléchir et, malgré les remontrances de sa raison, il se décida à rentrer chez lui comme il en était sorti, en passant à travers la muraille. Cette étrange faculté, qui semblait ne répondre à aucune de ses aspirations, ne laissa pas de le contrarier un peu et, le lendemain samedi, profitant de la semaine anglaise, il alla trouver un médecin du quartier pour lui exposer son cas.

(Marcel Aymé, *Le Passe-Muraille*)

c. Pour travailler les accords des participes :

Le médecin reprit :
— J'ai été appelé, il y a trois mois, auprès de cette vieille femme, à son lit de mort. Elle était arrivée la veille, dans la voiture qui lui servait de maison, traînée par la rosse que vous avez vue, et accompagnée de ses deux grands chiens noirs, ses amis et ses gardiens. Le curé était déjà là. Elle nous fit ses exécuteurs testamentaires, et, pour nous dévoiler le sens de ses volontés dernières, elle nous raconta toute sa vie. Je ne sais rien de plus singulier et de plus poignant.

Son père était rempailleur et sa mère rempailleuse. Elle n'a jamais eu de logis planté en terre.

(Guy de Maupassant, *La Rempailleuse*)

3. Réécritures

a. Remplacez « le grand Michu » par « elles » et opérez tous les changements nécessaires :

Le lendemain et le surlendemain, le grand Michu fut terrible. Les paroles du maître d'étude l'avaient frappé au cœur. Il nous soutint, il nous dit que nous serions des lâches si nous cédions. Maintenant, il mettait tout son orgueil à montrer que, lorsqu'il le voulait, il ne mangeait pas.

(*Le Grand Michu*, p. 14)

b. Mettez les verbes à l'imparfait et réécrivez l'extrait en conséquent :

Les bras croisés, les yeux vagues, ils ont l'air de réfléchir à des choses profondes. En réalité, ils ne pensent à rien. Au-delà de la sente, la plaine est nue et jaune uniformément. La Seine coule, invisible, dans ce morne espace. Aucune ligne d'arbres, aucun bateau n'en dévoile le cours sinueux, perdu dans la monotonie plate et ocreuse du sol… Mais ils ne voient même pas cela… Parfois, un souvenir du ministère traverse leur esprit, mais déjà si lointain, si perdu, si déformé !… De ces trente-cinq années passées là, il ne leur reste de vraiment net que l'image imposante de l'huissier, avec sa chaîne d'argent…

(*Deux amis s'aimaient*, p. 42)

c. Dans le même texte, mettez cette fois les verbes au passé simple et opérez les réécritures nécessaires.

Fiche 5 : Pour aller plus loin

1. Étude d'images

A. Un meeting *(1884), Marie Bashkirtseff (1858-1884), huile sur toile (H. 1,93 m × L. 1,77 m), Paris, musée d'Orsay*

a. Présentez par écrit l'image ci-dessus (genre, auteur, date de réalisation).

b. Décrivez précisément le tableau en insistant sur les attitudes et les expressions des enfants.

c. Quel âge donnez-vous aux garçons ? Que remarquez-vous ?
d. À votre avis, de quoi peuvent-ils bien s'entretenir ? Aidez-vous de l'expression de leur visage et de leur gestuelle.
e. Quel rapprochement faites-vous entre cette peinture et les nouvelles de ce recueil ? Lui correspondent-elles toutes ?
f. Si ce tableau devait illustrer l'une des nouvelles, laquelle choisiriez-vous ? Expliquez votre choix.

B. Les Joueurs de cartes *(1890-1895), Paul Cézanne (1839-1906), huile sur toile (H. 47,5 cm × L. 57 cm), Paris, musée d'Orsay*

a. Présentez par écrit l'image ci-dessus (genre, auteur, date de réalisation).

b. Décrivez le tableau en vous focalisant sur les personnages, leur occupation et leurs vêtements.

c. Où cette scène peut-elle bien se dérouler, d'après vous ? Quels objets vous ont-ils aidé ?

d. Quelles émotions décelez-vous dans le tableau ?

e. Quel rapprochement faites-vous entre cette peinture et les nouvelles de ce recueil ? Lui correspondent-elles toutes ?

f. Si ce tableau devait illustrer l'une des nouvelles, laquelle choisiriez-vous ? Expliquez votre choix.

2. D'autres récits sur l'amitié et l'enfance

A. *Extrait 1:* Poil de Carotte, *Jules Renard (1894): une fratrie*

Le dimanche, Mme Lepic exige que ses fils aillent à la messe. On les fait beaux et sœur Ernestine préside elle-même à leur toilette, au risque d'être en retard pour la sienne. Elle choisit les cravates, lime les ongles, distribue les paroissiens[1] et donne le plus gros à Poil de Carotte. Mais surtout elle pommade ses frères.

C'est une rage qu'elle a.

Si Poil de Carotte, comme un Jean Fillou, se laisse faire, grand frère Félix prévient sa sœur qu'il finira par se fâcher : aussi elle triche :

« Cette fois, dit-elle, je me suis oubliée, je ne l'ai pas fait exprès, et je te jure qu'à partir de dimanche prochain, tu n'en auras plus. »

Et toujours elle réussit à lui en mettre un doigt.

« Il arrivera malheur », dit grand frère Félix.

Ce matin, roulé dans sa serviette, la tête basse, comme sœur Ernestine ruse encore, il ne s'aperçoit de rien.

---

1. **Paroissiens :** livres de prières qui servent pendant la messe.

« Là, dit-elle, je t'obéis, tu ne bougonneras point, regarde le pot fermé sur la cheminée. Suis-je gentille ? D'ailleurs je n'ai aucun mérite. Il faudrait du ciment pour Poil de Carotte, mais avec toi, la pommade est inutile. Tes cheveux frisent et bouffent tout seuls. Ta tête ressemble à un chou-fleur et cette raie durera jusqu'à la nuit.

— Je te remercie », dit grand frère Félix.

Il se lève sans défiance. Il néglige de vérifier comme d'ordinaire, en passant sa main sur ses cheveux.

Sœur Ernestine achève de l'habiller, le pomponne et lui met des gants de filoselle[1] blanche.

« Ça y est ? dit grand frère Félix.

— Tu brilles comme un prince, dit sœur Ernestine, il ne te manque que ta casquette. Va la chercher dans l'armoire. »

Mais grand frère Félix se trompe. Il passe devant l'armoire. Il court au buffet, l'ouvre, empoigne une carafe pleine d'eau et la vide sur sa tête, avec tranquillité.

« Je t'avais prévenue, ma sœur, dit-il. Je n'aime pas qu'on se moque de moi. Tu es encore trop petite pour rouler un vieux de la vieille. Si jamais tu recommences, j'irai noyer ta pommade dans la rivière. »

Ses cheveux aplatis, son costume du dimanche ruissellent, et tout trempé, il attend qu'on le change ou que le soleil le sèche, au choix : ça lui est égal.

« Quel type ! se dit Poil de Carotte, immobile d'admiration. Il ne craint personne, et si j'essayais de l'imiter, on rirait bien. Mieux vaut laisser croire que je ne déteste pas la pommade. »

Mais tandis que Poil de Carotte se résigne d'un cœur habitué, ses cheveux le vengent à son insu.

Couchés de force, quelque temps, sous la pommade, ils font les morts ; puis ils se dégourdissent, et par une invisible poussée, bossellent leur léger moule luisant, le fendillent, le crèvent.

1. **Filoselle :** tissu composé de soie et de coton.

On dirait un chaume[1] qui dégèle.

Et bientôt la première mèche se dresse en l'air, droite, libre.

a. Relevez les indices dans ce texte montrant que la toilette des deux garçons, en particulier l'application de la pommade, est une habitude, presqu'un rituel dans la famille Lepic. (Servez-vous de la valeur des temps, des adverbes temporels...)

b. « C'est une rage qu'elle a », l. 7 : le mot « rage » est-il employé au sens propre ou au sens figuré ici ? Expliquez le sens de cette phrase.

c. Quelle est la figure de style employée l. 46-51 ?

d. Montrez que Poil de Carotte admire son grand frère. (Servez-vous des types de phrases, du vocabulaire choisi, des déterminants exclamatifs...)

e. Qu'est-ce qui oppose le héros éponyme à son frère, tant dans l'attitude qu'au niveau de l'apparence physique ?

B. *Extrait 2 :* La Guerre des boutons, *Louis Pergaud (1912) : les élèves face au maître*

Ce lundi matin, en classe, cela tourna mal, plus mal encore que le samedi.

Camus, sommé par le père Simon de répéter en leçon d'instruction civique ce qu'on lui avait seriné[2] l'avant-veille sur « le citoyen », s'attira des invectives[3] dépourvues d'aménité.

---

1. **Chaume :** paille.
2. **Seriné :** répété.
3. **Invectives :** injures.

Rien ne voulait sortir de ses lèvres, toute sa face exprimait un travail de gésine[1] intellectuelle horriblement douloureux : il lui semblait que son cerveau était muré.

« Citoyen ! citoyen ! pensaient les autres, moins ahuris, qu'est-ce que ça peut bien être que cette saloperie-là ?

— Moi, m'sieu ! fit La Crique en faisant claquer son index et son médius contre son pouce.

— Non, pas vous ! et s'adressant à Camus, debout, la tête branlante, les yeux éperdus :

— Alors, vous ne savez pas ce que c'est qu'un citoyen ?

— !...

— Je vais vous coller à tous une heure de retenue pour ce soir ! »

Des frissons froids coururent le long des échines[2].

« Enfin, vous ! êtes-vous citoyen ? fit le maître d'école qui voulait absolument avoir une réponse.

— Oui, m'sieu ! répondit Camus, se souvenant qu'il avait assisté avec son père à une réunion électorale où m'sieu le marquis, le député, devait offrir un verre à ses électeurs et leur serrer la main, même qu'il avait dit au père Camus : — C'est votre fils ce citoyen-là ? Il a l'air intelligent !

— Vous êtes citoyen, vous ! ragea l'autre, cramoisi[3] de colère, eh bien ! oui, il est joli le citoyen ! vous m'en faites un propre de citoyen !

— Non, m'sieu, reprit Camus qui, après tout, ne tenait pas à ce titre.

— Alors pourquoi n'êtes-vous pas citoyen ?

— !...

— Dis-y, marmonna entre ses dents La Crique agacé, que c'est parce que t'as pas encore de poil au c...

— Qu'est-ce que vous dites, La Crique ?

— Je... je dis... que... que...

---

1. **Gésine :** accouchement.
2. **Échines :** colonnes vertébrales.
3. **Cramoisi :** très rouge.

— Que quoi ?

— Que c'est parce qu'il est trop jeune !

— Ah ! eh bien ! maintenant, y êtes-vous ? »

On y était. La réponse de La Crique fit l'effet d'une rosée bienfaisante sur le champ desséché de leur mémoire ; des lambeaux de phrases, des morceaux de qualité, des débris de citoyen, se réajustèrent, se replâtrèrent petit à petit, et Camus lui-même, moins ahuri, toute sa personne remerciant véhémentement[1] La Crique le sauveur, contribua à recamper[2] « le citoyen » ! Enfin, c'était toujours ça de passé.

Mais quand on en vint à la correction du devoir de système métrique, cela ne fut pas drôle du tout. Préoccupés comme ils l'étaient l'avant-veille, ils avaient oublié, en copiant, de changer des mots et de faire le nombre de fautes d'orthographe qui correspondait à peu près à leur force respective en la matière, force mathématiquement dosée par des dictées bihebdomadaires[3]. Par contre, ils avaient sauté des mots, mis des majuscules où il n'en fallait pas et ponctué en dépit de tout sens. La copie de Lebrac surtout était lamentable et se ressentait visiblement de ses graves soucis de chef.

a. Où se situe l'action ? Appuyez-vous sur un indicateur temporel présent au début du texte. Quels autres éléments confirment votre réponse ?

b. Expliquez la situation à laquelle assistent les élèves.

c. Faîtes une rapide recherche sur *La Guerre des boutons*. Par quoi Lebrac, La Crique et Camus peuvent-ils être si préoccupés au lieu d'apprendre leurs leçons et faire leurs devoirs sérieusement ?

---

1. **Véhémentement :** avec beaucoup d'intensité.
2. **Recamper :** rétablir.
3. **Bihebdomadaires :** qui ont lieu deux fois par semaine.

d. Quels sont les différents niveaux de langue présents ? Pour chaque niveau repéré, relevez deux mots ou expressions.

e. Quels adjectifs utiliseriez-vous pour qualifier le maître ? Et la relation entre La Crique et Camus ?

LEXIQUE (NOMS COMMUNS)

Ablette (n. f.) : petit poisson d'eau douce dont les écailles argentées servent à la fabrication des fausses perles

Absinthe (n. f.) : boisson alcoolisée de couleur verte en vogue au XIXe siècle

Affoler (v.) : ici, rendre comme fou

Agonir (v.) : interpeller, injurier

Aigrement (adv.) : avec aigreur, disposition d'esprit qui conduit à un comportement déplaisant et des paroles désobligeantes

Aigrette (n. f.) : oiseau ressemblant au héron

Alanguissement (n. m.) : état de faiblesse, d'épuisement ; manque de vigueur

Anguleux (adj.) : dont la surface a plusieurs angles, dont les traits ont une saillie prononcée

Apitoiement (n. m.) : pitié

Apostropher (v.) : interpeller quelqu'un vivement

Âtre (n. m.) : foyer de la cheminée

Badiner (v.) : folâtrer, s'amuser, se livrer à des jeux puérils ou galants

Ballants (adj.) : qui pendent en balançant

Bast : interjection dont le synonyme est « assez ! »

Béatitude (n. f.) : grande sérénité, immense satisfaction, euphorie

Bêches (n. f.) : instruments composés d'une large lame de fer aplatie et tranchante adaptée à un long manche de bois, et qui servent à retourner la terre

Bénignes (adj.) : peu dangereuses

Besogner (v.) : travailler péniblement

Bibelot (n. m.) : petit objet servant à la décoration des maisons

Bourdon (n. m.) : très grosse cloche ayant un son très grave

Braillards (adj.) : qui ne cessent de parler très fort, de pleurer, de hurler

Charmilles (n. f.) : terrains où sont plantés de petits charmes (arbres)

Chaumes (n. f.) : tiges des céréales qui restent sur pied après la moisson

Complaisants (adj.) : qui font preuve de gentillesse, d'amabilité

Conscrit (n. m.) : jeune homme (ou femme) appelé à se battre pour son pays

Corridors (n. m.) : passages longs et plus ou moins étroits qui permettent d'accéder à un endroit

Corromperie (n. f.) : néologisme formé à partir du verbe « corrompre » qui signifie « changer en mal quelque chose ou quelqu'un »

Crèmeries (n. f.) : établissements où une clientèle surtout populaire peut acheter des produits laitiers et consommer des repas bon marché

Cuisantes (adj.) : coupables ; rouges de honte

Culotte (n. f.) : vêtement de dessus, couvrant le bas du corps depuis la ceinture jusqu'au-dessous du genou ou à mi-mollet, et habillant séparément chaque jambe

Cyprès (n. m.) : arbres appartenant à la famille des conifères, traditionnellement plantés dans les cimetières

Débander (v.) : ici, rompre un groupe, un rassemblement

Défaillance (n. f.) : affaiblissement, évanouissement

Dégrossi (adj.) : qui a reçu des rudiments d'instruction et d'éducation

Déluge (n. m.) : pluie très abondante, torrentielle ; temps très ancien

Dithyrambique (adj.) : qui loue avec enthousiasme, souvent avec pompe, excès, emphase

Effarés (adj.) : qui manifestent un grand trouble moral, un étonnement mêlé d'effroi

Éloge (n. m.) : discours prononcé ou écrit vantant les mérites, les qualités de quelqu'un ou de quelque chose

Émoi (n. m.) : trouble, agitation
Empâter (v.) : nourrir bien et en quantité
Enclumes (n. f.) : masses de fer en acier sur lesquelles on forge différents métaux à froid ou à chaud
Enorgueilli (adj.) : très fier et confiant
Entrechat (n. m.) : saut pendant lequel le danseur croise ou entrechoque une à deux fois les pieds avant de revenir au sol
Entrecoupée (adj.) : qui s'interrompt souvent, saccadée
(S')étioler (v.) : se décolorer, perdre sa vitalité

Factices (adj.) : qui sont fabriquées, fausses
Faillir (v.) : céder, commettre une faute
Falots (adj.) : drôles, gais, joyeux, plaisants
Fat (adj.) : qui se croit irrésistible auprès des femmes
Fébrile (adj.) : qui a de la fièvre ; qui est dans un état d'excitation nerveuse intense
Fiacres (n. m.) : voitures tirées par un cheval et dont on peut louer les services
Fieu (n. m.) : « fils » ou « enfant » en dialecte normand
Flotteur (n. m.) : petite pièce de bois, de liège, de matière synthétique, qui, sur une ligne de pêche, maintient l'appât et l'hameçon dans la position voulue et renseigne le pêcheur sur les touches du poisson
Folâtrer (v.) : s'agiter, jouer gaiement et en toute liberté
Frêle (adj.) : fragile à cause de sa maigreur
Frémissement (n. m.) : mouvement agité
Frétiller (v.) : remuer, s'agiter par de petits mouvements vifs et courts

Garnements (n. m.) : enfants animés de mauvaises intentions, vauriens
Gouaillerie (n. f.) : attitude moqueuse et insolente
Goujon (n. m.) : poisson d'eau douce
Grêles (adj.) : d'une minceur excessive
Gringalet (n. m.) : personne de petite taille, maigre et chétive

Griser (v.) : rendre ivre

Grouiller (v.) : vivre en grand nombre et s'agiter en tous sens

Ignominies (n. f.) : actions basses, déshonorantes

Incurables (adj.) : qui ne peuvent être guéries

Insinuations (n. f.) : sous-entendus

Insurgés (n. m.) : qui participent à une insurrection, qui se révoltent, qui contestent une autorité morale ou religieuse

Intarissables (adj.) : qui n'en finissent pas

Jaser (v.) : parler abondamment et de façon désobligeante, parfois pour le plaisir de parler

Jeûner (v.) : se priver de repas

Jovial (adj.) : gai, de bonne compagnie

Léthargique (adj.) : qui exprime ou qui marque l'abattement, l'engourdissement

Levrette (n. f.) : chienne de race

Livide (adj.) : pâle

Livrée (n. f.) : habit d'un modèle particulier qui montre le rattachement d'une personne à un établissement ou une autorité

Lorgner (v.) : regarder du coin de l'œil, à la dérobée mais avec insistance

Manants (n. m.) : hommes de la campagne, paysans

Margelle (n. f.) : assise de pierre formant le rebord d'un puits ou d'une fontaine

Marmaille (n. f.) : groupe de jeunes enfants bruyants et agités

Masure (n. f.) : maison en ruine, habitation misérable

Menottes (n. f.) : petites mains

Mercier (n. m.) : personne qui vend en gros ou au détail des articles de mercerie utilisés pour la couture, la confection, les travaux d'aiguille, la parure

Miroton (n. m.) : plat cuisiné à base de bœuf

Mitoyen (adj.) : au milieu, partagé en deux endroits
Monotonie (n. f.) : caractère de ce qui est répétitif, absence de changement
Morne (adj.) : qui est dans un état d'abattement, de tristesse ou d'ennui
Moutard (n. m.) : façon familière de désigner un enfant

Niants (n. m.) : ignares
Nimbés (adj.) : entourés d'un disque de lumière
Notables (n. m.) : personnes importantes et influentes de par leur fonction ou leur situation sociale

Ocreuse (adj.) : d'un jaune orangé
Oratoires (adj.) : dont le discours est bien mené
Osciller (v.) : se déplacer avec un mouvement de va-et-vient
Ostentation (n. f.) : attitude, caractère de celui qui cherche à tout prix à attirer l'attention sur lui-même, sur un trait de sa personne, sur sa situation sociale avantageuse

Pantouflard (adj.) : qui passe sa vie dans ses pantoufles, qui aime le confort et la tranquillité
Parcimonieusement (adv.) : avec économie de moyens
Pépinière (n. f.) : terrain sur lequel on fait pousser de jeunes végétaux en vue du repiquage et de la multiplication des plants
Préceptes (n. m.) : règles, conseils formulés par une autorité

Quiétude (n. f.) : tranquillité profonde

Récriminer (v.) : se défendre contre une accusation en attaquant son adversaire
Replet (adj.) : bien en chair, un peu gros
Roides (adj.) : raides

Saulaie (n. f.) : plantation de saules

Sceptique (adj.) : qui met en doute les dogmes religieux

Sédentaires (adj.) : relatives à celui qui vit et agit toujours au même endroit

Sente (n. f.) : petit chemin

Sentencieux (adj.) : qui exprime la gravité

Simagrées (n. f.) : attitudes, gestes, paroles affectées qu'on utilise pour se faire valoir, pour atteindre son but

Sinueux (adj.) : qui présente des courbes, une ligne ondulée

Soufflet (n. m.) : instrument utilisé pour souffler de l'air sur un point donné

Spasmes (n. m.) : contractions involontaires du muscle

Suburbain (adj.) : situé en périphérie, à proximité immédiate d'une grande ville

Suie (n. f.) : matière noire que la fumée dépose à la surface des corps mis en contact avec elle

Superstitieuse (adj.) : qui fait preuve d'une croyance religieuse irrationnelle, attachement inconsidéré aux doctrines et prescriptions qui relèvent du sacré

Tantôt (n. m.) : après-midi

Tenaces (adj.) : dont on peut difficilement se débarrasser, qui s'accrochent ou persistent longtemps

Trépigner (v.) : s'agiter avec impatience

Tressaillir (v.) : sursauter

Tyrannies (n. f.) : comportements autoritaires, injustes et violents d'une personne ou d'un groupe de personnes

Vociférer (v.) : parler d'une voix forte avec colère et emportement, crier

Voluptés (n. f.) : impressions extrêmement agréables

LEXIQUE (NOMS PROPRES)

51 : 1851, année du coup d'État qui débouche sur le Second Empire ; Louis-Napoléon Bonaparte, président de la République française, conserve les pleins pouvoirs alors que la Constitution lui interdisait de se représenter

Argenteuil : commune du Val-d'Oise (Île-de-France)

Bezons : commune du Val-d'Oise (Île-de-France)

Chaîne des Maures : petite chaîne de montagnes du sud-est de la France

Colombes : commune des Hauts-de-Seine (Île-de-France)

Comte de Clermont : Louis de Bourbon-Condé (1709-1771), aristocrate qui entretint une relation avec une danseuse

La Castris : nom inventé par Maupassant

Louis XV : roi de France qui régna de 1715 à 1774, soit un siècle avant l'époque du récit

Luxembourg : nom de jardins parisiens

Mont Valérien : colline au nord-ouest de Paris

Nanterre : commune des Hauts-de-Seine (Île-de-France)

Notre-Dame-de-Lorette : rue du IXe arrondissement de Paris

Orgemont : aujourd'hui, quartier de la commune d'Argenteuil

Prussiens : peuple habitant la Prusse, territoire germanique du nord-est de l'Europe

Sannois : commune du Val-d'Oise (Île-de-France)

Var : département du sud-est de la France dont la révolte, après le coup d'État de Louis-Napoléon Bonaparte, fut réprimée dans le sang

Achevé d'imprimer en Italie
par Grafica Veneta en mai 2018
Dépôt légal juin 2018
EAN 9782290154625
OTP L21ELLN000835N001

—

Conception des principes de mise en page :
Jean-Noël LECLERE

—

Composition : PCA

—

ÉDITIONS J'AI LU
87, quai Panhard-et-Levassor, 75013 Paris
Diffusion France et étranger : Flammarion

Librio
1232